Diario de una
BORDADORA

Diario de una
BORDADORA

Srta. Lylo

Lumen

Papel certificado por el Forest Stewardship Council®

Primera edición: octubre de 2023
Primera reimpresión: enero de 2024

© 2023, Paola Andrea Ghirardi (Srta. Lylo)
© 2023, Penguin Random House Grupo Editorial, S.A.U.
Travessera de Gràcia, 47-49. 08021 Barcelona
© Leire Villar, para las fotografías de los bordados
© Loly Ghirardi, para la fotografía de la p. 19
© Hamza Djenat, para las fotografías de las pp. 88, 99, 112
© Elena Enrique, para las fotografías de las pp. 82, 116
© Domestika, para las fotografías de las pp. 117, 118, 131, 132
© Montse Mármol, para la fotografía de la p. 157
© Getty Images, para la fotografía de la p. 160
Colaboración editorial: Florencia Grieco

Printed in Spain - Impreso en España

ISBN: 978-84-264-2534-8
Depósito legal: B-14740-2023

Compuesto por Fernando de Santiago
Impreso en Gómez Aparicio, S.L.
Casarrubuelos (Madrid)

H 4 2 5 3 4 8

A mi linaje femenino

A mí, el bordado me salvó.

No vengo de una familia de mujeres tejedoras ni artesanas: podría jurar que ni mi mamá ni mis abuelas bordaron jamás.

Muchas mujeres aprenden a tejer, coser o bordar en sus casas cuando son niñas. A veces es el primer juego que juegan. A veces, sin darse cuenta de todo lo que les transmiten otras mujeres de la familia, van forjando una técnica —y con suerte un estilo— con toda la naturalidad del mundo.

¡A mí eso no me pasó!

Yo empecé a bordar a los treinta y cinco años sin nunca haber tenido nada que ver con el asunto, simplemente porque ya no sabía qué hacer con mi vida. Empecé a bordar para sobrevivir a la bomba que explotó entre mis manos cuando me dijeron que no podía ser madre de forma natural y que tendría que hacer tratamientos de fertilidad si quería tener alguna remota posibilidad de serlo.

Después seguí bordando porque descubrí que, al hacerlo, el tiempo se detenía y mi cabeza y mi cuerpo eran libres: bordando, mi realidad triste cambiaba.

Pero no me convertí en bordadora para que el bordado me salvara, sino porque sucedió algo que nunca antes habría imaginado: bordar me hizo feliz.

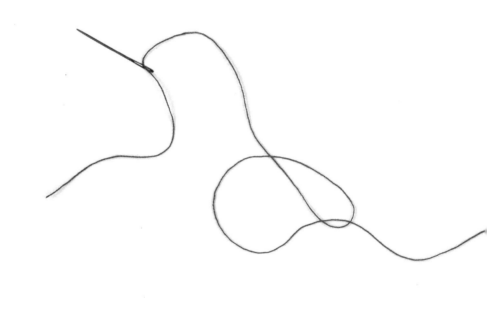

CAPÍTULO I

PUNTO HILVÁN

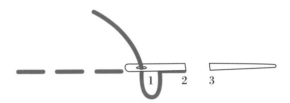

Pasar la aguja desde abajo hacia arriba y trabarla con el nudo de la hebra. Clavar la aguja 5 milímetros más allá y volver a sacarla a una distancia similar, continuando la línea. Es como hacer una línea punteada avanzando hacia delante. Puntada, espacio, puntada, espacio. Es un punto básico de iniciación.

Dicen que las mudanzas son una de las tres situaciones más estresantes que hay en la vida junto con la muerte de las personas queridas y las separaciones de pareja. En 2001 nos mudamos con mi novio Ariel de Buenos Aires a Barcelona y durante muchos años creí que habíamos desafiado esa máxima. Hasta que, en 2018, después de dieciséis años viviendo en el piso de mis sueños en el Raval, tuvimos que hacer un cambio de hogar.

Recuerdo bien el día en que nos mudamos. Antes de irnos di una última mirada: el piso vacío tenía un aspecto extraño, casi desconocido. No era lo que había sido. Ya no era nuestra casa. Quedaba solo un mueble, una cajonera que habíamos encontrado una vez en la calle, pero que de algún modo ya no nos representaba y por eso habíamos decidido dejarla. La miré allí, sola, en la esquina de una habitación vacía donde lo único que había era el eco de nuestros pasos, y de pronto noté que de la base asomaba un pequeño triángulo blanco. De lejos no lograba darme cuenta de qué se trataba. Me acerqué y descubrí que era un papel. Tiré de él y logré sacarlo. No era un papel, era una foto antigua a color, aunque diluido por el paso del tiempo, y con los bordes blancos, sin embargo no era una polaroid: era la foto de una niña muy pequeña.

Miré la fecha impresa: «Diciembre, 1976». Mi primer cumpleaños. ¡La niña de la foto era yo!

Es diciembre de 1976. Sonrío y dejo a la vista los pocos dientes que tengo. Estoy sentada descalza en el centro de la cama de mis padres, rodeada de los regalos que recibí por mi primer año de vida. Tengo entre mis brazos una muñeca de plástico, pelo rubio brillante, vestido de encaje y pañales. Sobre el cabecero de la cama asoma una cruz, un rosario XXL hecho con semillas de eucalipto, con un Cristo crucificado. Aquella colcha a rayas color crema y marrón de la foto todavía existe: me da cobijo cada vez que regreso a Buenos Aires y voy de visita a casa de mis padres.

Fui la primera niña de la familia y, aun así, no hay muchas fotos mías de los primeros años. Los carretes eran caros entonces y había que elegir con cuidado las 24 o 36 fotos que encerraban. Recuerdo la expectativa al ir a buscar el resultado del revelado a la tienda de fotografía. ¿Salieron todas? ¿Salieron algunas de más? ¿Habrá salido la abuela, por una vez, con los ojos abiertos? ¿Habrá fotos con destellos blancos? O peor, ¿se habrán velado? Eran momentos de misterio y fantasía, y sí, también de un poco de temor.

Algo de eso ocurrió aquel primer cumpleaños: las fotos salieron borrosas.

Ese día hubo una gran tormenta que canceló los planes originales de mis padres. En Buenos Aires, suele hacer calor en esa época del año, pero no son habituales las grandes lluvias y por la mañana, cuando me bautizaron, el cielo estaba turquesa. No flotaba ni una nube. Con buen criterio estacional, mi madre había decidido hacer el festejo al aire

libre, en el patio de la casa, segura de que no habría más que esa brisa cálida de los días que se alargan, y había colgado allí unos cuantos banderines de colores brillantes y felices para que bailaran al ritmo de aquel soplido.

Pero por la tarde, apenas comenzados los festejos y contra todo pronóstico, las lluvias se ensañaron con nuestros planes. Los banderines del patio destiñeron y colorearon los suelos. Los invitados (¡que eran muchos!) corrieron a reubicarse apretados en el interior de nuestra pequeña casa con sus platos de comida en mano —bocadillos de matambre, pizzas y empanadas que habían hecho mamá y mis abuelas—, el mago hizo sus trucos, el payaso sus gracias y entre tanto ajetreo por el cambio de planes, nadie se acordó de secar la lente de la cámara de fotos.

Más de cuarenta años después, me vi a mí misma allí, una beba borrosa con un vestido blanco tan borroso como ella. Una niña rodeada por sus regalos: uno sin abrir, otro abierto a su lado —un vestido blanco con pequeñas flores—, una bata de baño con la que mi mamá me cubriría los años siguientes al salir de la piscina de hule marca Pelopincho que teníamos en el patio, y una muñeca casi de su mismo tamaño en brazos. Creo recordar —o lo imagino, cómo saberlo— que fue mi regalo favorito aquel día. Un bebé todo mío para cuidar.

¿Quién quiere ser mamá?

«¡Yo!», parece decir la expresión de mi cara a través de la lente empañada.

Y entonces, en aquel piso vacío del Raval que estaba dejando, interpreté aquellas imágenes fuera de foco con la lente de mi presente: mi futuro estaba empañado. Todo era una señal de que yo nunca iba a ser madre.

«Conocer la historia del bordado es conocer la historia de la mujer», dice Rozsika Parker en *The Subversive Stitch. Embroidery and the Making of the Feminine*, su gran libro sobre la historia del bordado. ¿Por qué? Justamente porque el bordado ha estado asociado durante siglos a lo que las mujeres teníamos permitido hacer y lo que se esperaba de nosotras. En el siglo XVIII, se comenzó a diferenciar la educación femenina de la masculina, y el bordado pasó a ser una tarea exclusiva de las mujeres. Al florecer en el hogar, el bordado se desarrolló como una tarea. La aguja se volvió entonces un medio de opresión, pero también de comunidad y de resistencia. Esta es una parte de esa historia.

De niña, yo era una alumna muy aplicada. Me encantaba estudiar y completar trabajos que tuviesen una buena cuota de complejidad manual. Trípticos imposibles, paisajes detallados, artesanías caseras: dedicaba horas y horas a ilustrar el tema que la maestra nos hubiera explicado ese día.

¡Y los lápices de colores! Hoy, los hilos de colores huelen para mí como aquellas cajas de lápices de mi infancia: tienen el olor de la alegría.

Dibujaba y pintaba con ellos sin pausa. Les sacaba punta y seguía y seguía y seguía dibujando. Coleccionaba minas de colores de todos los tamaños en un portaminas y solía pedirles a mis compañeras de clase las minas de sus lápices a cambio de una golosina. Todos eran de marcas diferentes y, por eso, los colores también. Mi portaminas era un caleidoscopio.

El tráfico de colores llegó a su fin cuando varias madres se quejaron de que sus hijas gastaban demasiado rápido sus lápices y la señorita Noemí me hizo pasar al frente para exigirme que abriese la lata donde guardaba mis tesoros y tirase al cesto de la basura mi colección adorada. Las minas golpeaban contra el metal del cubo a medida que caían de la lata: era el sonido más triste que podía oír.

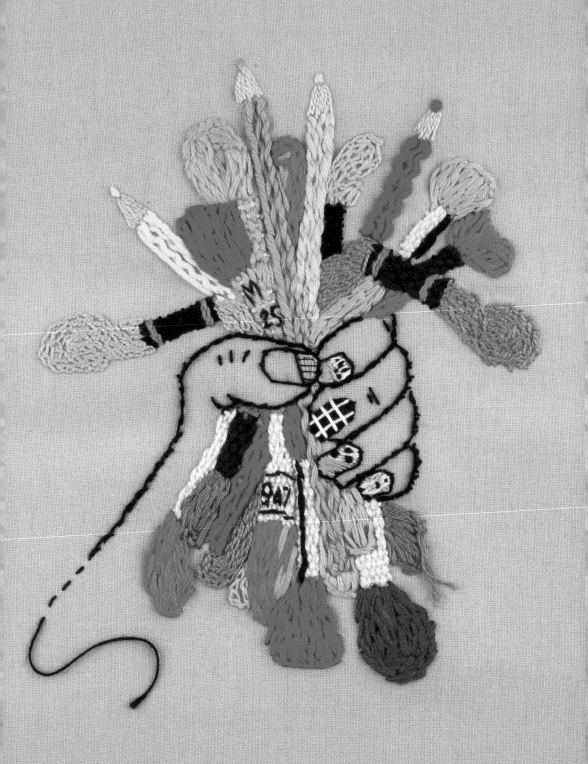

Nunca volví a tener tantos colores hasta ahora, que acumulo y adoro mis hilos de bordado con la misma pasión infantil.

Es difícil determinar el origen exacto del bordado porque se han encontrado rastros en civilizaciones muy alejadas entre sí geográficamente: egipcios, indios, persas, babilonios, asirios, hebreos, chinos, fenicios y árabes en Asia; cartagineses, griegos, romanos y galos en Europa; aztecas, mayas e incas en América. Por motivos espirituales o religiosos, decorativos o culturales, para exhibir jerarquías sociales o por razones prácticas, todos esos pueblos conocieron y practicaron el arte de bordar. La invención del bordado suele atribuirse a los babilonios entre los años 1900 y 600 previos a la era cristiana, pero una de las prendas bordadas más antiguas que se conservan (¡gracias al clima seco del desierto!) es egipcia y data del año 1360 a. C.: una camisa de lino que fue hallada en la tumba de Tutankamón.

A medida que fui cumpliendo años, dejé las muñecas y los lápices de colores por las témperas, los collages con granitos de arroz que pegaba uno por uno y luego pintaba, y el tejido de fundas para mi flauta dulce. Pero mi especialidad eran las tarjetas para ocasiones memorables y las del día de la Madre, mis preferidas.

¿Siempre quise ser madre?

Si no recuerdo mal, recibí de regalo una muñeca en cada cumpleaños a partir del año. Jugar a la mamá, pasear con el bebé, cuidarlo, cocinar su comida. Pensaba nombres para mis futuras hijas e hijos, el orden en el que llegarían a mi vida, si unos serían más altos que otras, y fantaseaba con mis amigas sobre el momento en que nuestros retoños se conociesen, se casasen y tuviesen sus propios hijos, convirtiéndonos en una inmensa familia. ¡Hola, sueños de patriarcado!

Cuando era niña, pero también siendo adolescente, se daba por hecho que todas seríamos madres. No lo cuestionábamos, no lo poníamos en duda, ni siquiera se nos ocurría pensar en la barbaridad de no tener hijos. El mandato de la maternidad se instalaba a sus anchas y desde temprano, y el rol quedaba asegurado desde la más tierna infancia. Solo era cuestión de tiempo cumplirlo.

Entonces creíamos que todo eso era inocente, desde el juego con esas muñecas hasta la canción del arroz con leche:

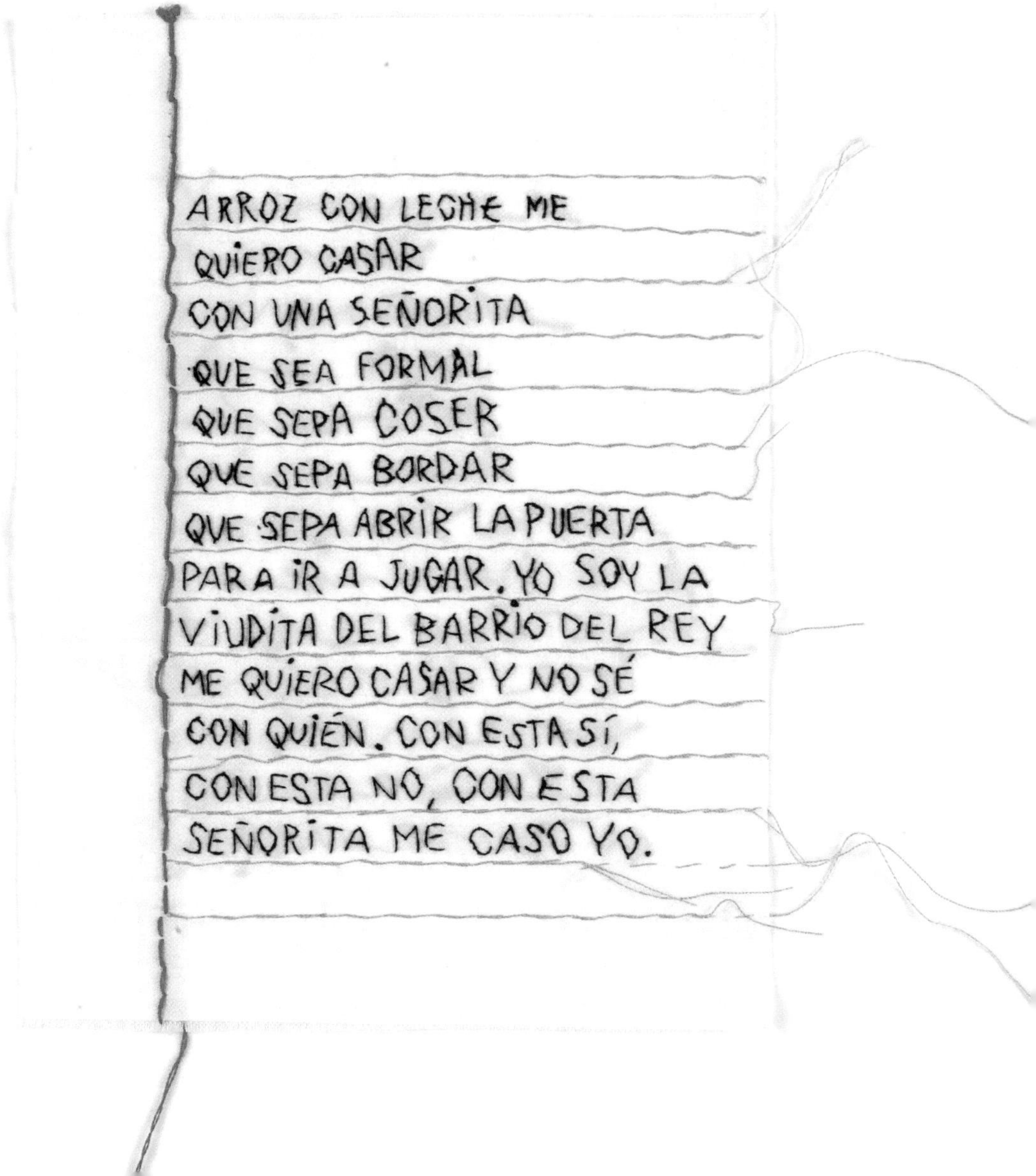

ARROZ CON LECHE ME
QUIERO CASAR
CON UNA SEÑORITA
QUE SEA FORMAL
QUE SEPA COSER
QUE SEPA BORDAR
QUE SEPA ABRIR LA PUERTA
PARA IR A JUGAR. YO SOY LA
VIUDITA DEL BARRIO DEL REY
ME QUIERO CASAR Y NO SÉ
CON QUIÉN. CON ESTA SÍ,
CON ESTA NO, CON ESTA
SEÑORITA ME CASO YO.

Pero eran roles que definían nuestra vida desde niñas, sin que nos diésemos cuenta, a través del juego, las canciones, las ropas y las fantasías. ¡Qué alivio saber que mis cuatro sobrinas —Iara, Juana, Emi y Fini— van a crecer con la liberadora versión feminista de la canción (y de la vida)!

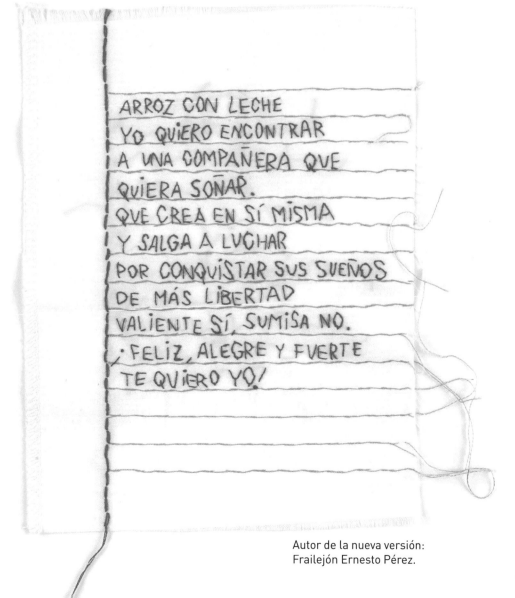

ARROZ CON LECHE
YO QUIERO ENCONTRAR
A UNA COMPAÑERA QUE
QUIERA SOÑAR.
QUE CREA EN SÍ MISMA
Y SALGA A LUCHAR
POR CONQUISTAR SUS SUEÑOS
DE MÁS LIBERTAD
VALIENTE SÍ, SUMISA NO.
¡FELIZ, ALEGRE Y FUERTE
TE QUIERO YO!

Autor de la nueva versión:
Frailejón Ernesto Pérez.

Esa no fue la vida de mi mamá, Alicia, que había nacido como hija del medio y única mujer, dos condiciones difíciles de eludir en su familia. Sus padres no la dejaron estudiar la secundaria como a sus hermanos, pero ella se las ingenió, como siempre, para estudiar *algo* y esa inquietud la llevó a ser peluquera. Su esfuerzo en la peluquería fue monumental: gracias a eso, mis padres pudieron construir (¡con sus propias manos!) la casita de Ferré 1201, en Sarandí, Avellaneda, y decidieron estrenarla con una gran fiesta de casamiento.

La actividad social en la casa no terminó en ese acto inaugural. Mi mamá siguió trabajando allí en las cabelleras del barrio incluso cuando nació su primer hijo, pero la historia cambió con mi llegada. Entonces, Alicia decidió hacer a un lado sus sueños y dejó las tijeras para dedicarse en cuerpo y alma a que nosotros realizásemos los nuestros. Y en un acto de dolorosa generosidad materna, cedió la habitación que hasta aquel momento funcionaba como su peluquería para que se convirtiese en nuestro cuarto.

Claro que mi mamá no iba a dejar de ser la mujer entusiasta que siempre había sido, así que trasladó su pasión a las plantas y la cocina. Los jazmines en verano y el gomero que no paraba de crecer. La sopa de verduras, la tortilla de papa con limón (sí, como se lee), los ñoquis de masa bomba y el clásico de clásicos: la torta de los ochenta golpes que amasa cada 24 de diciembre.

«Dieciocho, diecinueve, veinte…». Los golpes empiezan por la mañana temprano. Es Alicia arrojando la masa una y otra vez contra la mesa de la cocina. Con mi hermana creemos que en cada golpe está despidiendo el año que comienza a irse, con sus aciertos y fracasos. Con cada golpe se quita de encima todo lo que le pesa: no es de esos días en que mamá canta y tararea. Es de los días en los que demanda toda nuestra atención. Porque hay que ayudarla con la manteca, el limón y el azúcar. Y con el moscato. Y con las nueces picadas y las pasas antes de que enrolle la masa y, a puro ojo, la corte en doce pedazos iguales para formar una rosca. Dice mi hermana que ese día le invade

GRAL FERRE

120

Sarandí

AVELLANEDA

BUENOS AIRES

Argentina

el deseo de tener sus mismas ganas de cocinar. De continuar ese ritual familiar. Para mí, aquel era uno de los momentos en los que más me ilusionaba la idea de ser madre.

La maternidad era un mandato tan arraigado que no recuerdo a ninguna amiga de mi infancia y mi adolescencia, y menos que menos a ninguna mujer de mi familia, ponerlo en duda. Pienso en mi madre, en mis abuelas y mis bisabuelas y me pregunto si, siendo niñas, ellas también soñaban con ser madres o si deseaban, en el fondo, que sus vidas adultas tomasen un rumbo incierto e inimaginable.

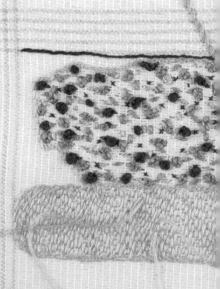

La torta

JANE AUSTEN

El bordado feliz

Jane Austen era bordadora. Fue una novelista extraordinaria, eso lo sabemos, pero no hay duda de que la costura y el bordado también fueron una parte central de su vida y de sus libros. Pero no como parte de lo que *debía ser* como buena mujer de su época, sino como una actividad placentera y bella. «Su manejo de la aguja era excelente; casi podría haber avergonzado a una máquina de coser», escribió su sobrino, James Edward Austen-Leigh, en sus memorias sobre la «tía Jane», que era especialmente buena con la puntada de satén, una puntada para rellenar formas que yo también disfruto y que uso mucho para hacer tipografías.

La misma Austen reconoció en sus cartas que se enorgullecía de sus habilidades para el bordado, pero esto de ningún modo la convirtió en una dama respetable para los cánones sociales de esos tiempos, que implicaban dedicarse a las tareas domésticas, el marido y los niños. Porque, a pesar de lo que se esperaba de ella, Austen no se casó ni tuvo hijos.

A ese mandato social se resistió en su obra y en su vida: sus cartas revelan su interés en las telas, la moda y el estilo, aunque limitado por su presupuesto como mujer soltera. Bordar era considerada entonces una tarea menor, de mujeres, pero a contramano de ese clima de época, la aguja no era para Austen el pasatiempo ocioso de una mujer aburrida, sino una herramienta al servicio de su sentido del estilo.

Hay ejemplos de cómo embellecía prendas antiguas (algo que hoy denominaríamos *upcycling regency*: recuperar un objeto que, de otro modo, iría a parar a la basura o al reciclaje y convertirlo en algo nuevo y funcional) y creaba accesorios para gorros y sombreros, muchos hechos por ella misma. Bordaba sus prendas para embellecerlas y eso es algo que me identifica mucho con ella. Tengo muchos vestidos, camisas y cuellos bordados: me gusta darles una impronta personal con mis hilos y me enorgullece lucirlos. Bordar un motivo propio en prendas básicas es para mí un ejercicio de individualidad y originalidad. Es volverlas únicas y perdurables sin preocuparse por la moda ni los mandatos, algo que Jane Austen hizo hasta el último día de su vida: quizá por eso fue tan buena bordadora como escritora.

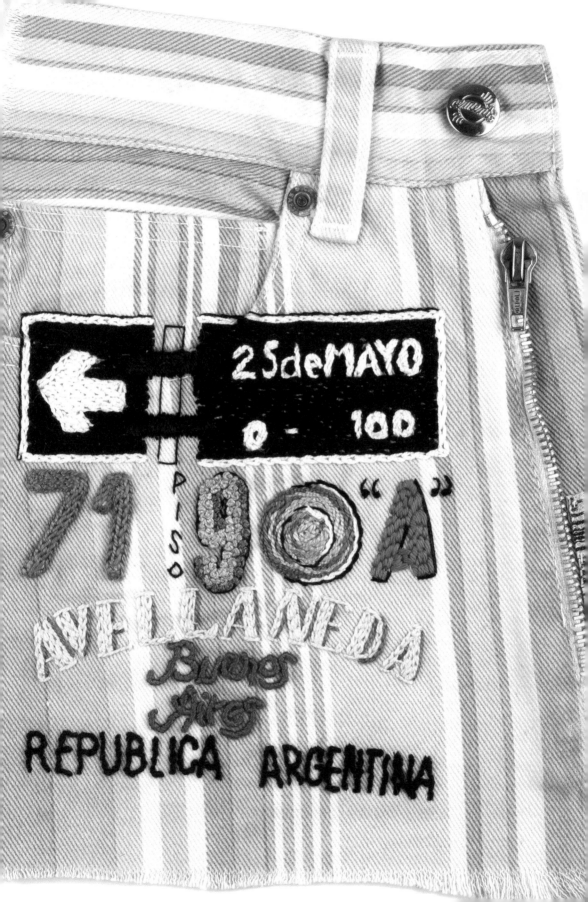

A medida que entraba en la adolescencia y las manualidades de mi infancia se convertían en artes plásticas, mi vida seguía pareciéndome la más feliz del mundo. Todo transcurría con la simpleza y la fluidez de lo que crece sin obstáculos. Nada se detenía, nada se complicaba, todo avanzaba al ritmo de la música y los bailes de la época.

Entonces, a comienzos de los años noventa, mi familia dejó atrás la carga emotiva de aquella casita y nos mudamos al universo opuesto: un piso en plena zona céntrica y a nueve plantas del suelo. Allí terminé la escuela secundaria, comencé la universidad y celebré mi último examen de la carrera de Diseño Gráfico con un 10 feliz en la inolvidable Historia del Arte II después de seis años de muchísimo esfuerzo, entregas interminables y horas y más horas de viaje a Ciudad Universitaria atravesando literalmente toda Buenos Aires (¡16 kilómetros separaban mi casa de la facultad!).

Una noche fría de julio, cuando estaba en la mitad de la carrera, conocí a Ariel. Teníamos la misma edad y un entusiasmo idéntico. Desde aquel día, nunca más nos separamos y después de seis años juntos decidimos dar un salto de gigantes: cambiar de ciudad y de país. ¡Mudarnos de continente!

Llegar a Barcelona fue una explosión de vida, colores, estímulos, deseos y entusiasmos. Nada era poco. Nada era demasiado.

A los dos meses de haber llegado, empecé a trabajar en un estudio de diseño con vistas al interior de la manzana de La Pedrera, esa casa pálida y sinuosa pensada por Antoni Gaudí que tantas veces había visto en libros de viajes.

Nos mudamos al Raval. A un piso antiguo que era mi sueño de toda la vida hecho realidad. Vivíamos en pleno centro, pero teníamos el mar a unos pasos.

Siete meses después de llegar a Barcelona habíamos adoptado a Maga, una perra negra hermosa que había sido abandonada en una autopista y que, supimos después, había nacido el mismo día de noviembre que aterrizamos en la ciudad. La bautizamos Maga por el personaje de *Rayuela*, de Julio Cortázar, que siempre llevaba en su cuello un pañuelo de color que le cambiaba según la estación del año y nunca hubo un nombre mejor para definir lo que significaba para mí. Era magia pura. Veinticuatro kilos de magia, para ser justa con el tamaño de sus poderes.

Y era una compañera extraordinaria. La llamábamos «la acumuladora de caricias» porque nadie podía resistirse a acariciarla. Maga atraía la atención de todo tipo de gente, no importaba dónde ni cuándo. Me divertía espiarla cada vez que la llevaba conmigo a hacer las compras: ella se quedaba en la puerta y yo contaba desde el interior de la tienda la cantidad de caricias que recibía mientras me esperaba sentada. Niños que apenas habían aprendido a caminar, señoras mayores, personas serias, jóvenes alegres: Maga les sacaba una sonrisa a todos y a mí más que a nadie, porque esa felicidad que irradiaba al mundo me llenaba de orgullo.

Con Maga teníamos un ritual que repetíamos cada año: el día de mi cumpleaños caminábamos juntas hasta la Barceloneta, bajábamos a la playa y corríamos hasta quedar exhaustas, sin que importase si llovía o hacía frío. Todo lo que ocurría alrededor quedaba en suspenso mientras jugaba con ella.

Nos casamos. Mi vestido no tenía flores bordadas, pero sí impresas a mano por una diseñadora emergente que había conocido en una feria de diseño. El día de la boda fuimos por separado, para mantener las tradiciones del amor romántico, y yo llegué tarde a causa de un atasco en la autopista. A pesar de los imprevistos y los nervios, nuestro «Sí, quiero» fue rápido y seguro. Festejamos en una masía, en un pueblito del interior de Cataluña, con asado, junto con todas las personas que conocíamos a este lado del mundo y hablando por teléfono

con todas las que nos querían al otro lado pero no podían estar presentes. Para tener señal de móvil tuvimos que subir un monte donde la cobertura estaba asegurada: era como una antena mágica con conexión a Argentina. Escuchamos felices y nostálgicos a Astor Piazzola. Y Jorge, nuestro padre postizo en Barcelona, se hizo cargo de la parrilla para que el asado estuviera a punto. Nuestra perra Maga lucía una falda de tul con apliques que hicimos con mi amiga Jorgelina para la ocasión. El sol brillaba tanto que tuvimos que confeccionar sombreros con papel de periódico para cubrirnos. Bailamos y reímos. Fue un día perfecto.

El piso del Raval, con sus techos altísimos y sus suelos hidráulicos antiguos, que siempre habían sido mi sueño, fue nuestro primer hogar en la ciudad. No nuestro primer domicilio, pero sí donde más tiempo vivimos y donde por primera vez nos sentimos en casa. Entre esas paredes celebramos tantos cumpleaños, navidades y nocheviejas que perdimos la cuenta. Recibimos a todos los familiares y amigos que decidían venir de visita desde Argentina y pasamos mil horas con amigos nuevos que habíamos hecho en nuestra nueva ciudad. Siempre estaba lleno de gente. Era mi propia versión de la vida feliz y multitudinaria que había tenido en la casa de mis padres.

Llevábamos doce años en pareja, la mitad de ellos viviendo en otro continente.

Mi vida era fácil y alegre. Éramos una familia con todas las letras. Tenía todo lo que siempre había deseado. ¡Qué afortunada me sentía!

Había montado mi propio estudio de diseño (¡uauh!) junto con una compañera de la universidad que encontré de casualidad y que había decidido, al igual que yo, vivir en Barcelona. Además de ser socias nos convertimos en amigas.

Todo fluía y avanzaba como un punto hilván, con puntadas hacia delante, sin retrocesos y sin nudos. Y entonces, a medida que se acercaba mi cumpleaños número treinta, empezó a rondarme en la cabeza el viejo anhelo de la infancia. No sé si era un deseo profundo y sincero o lo que se suponía que me correspondía en aquel momento, pero comencé a pensar en ello día y noche. Entonces lo puse en palabras.

Quiero ser madre.

Ese primer mes sin cuidarnos quedé embarazada.

Domingo 21 de octubre de 2007: día de la Madre en Argentina.

Toda mi familia está reunida celebrando en la casa de mi abuela Fina. El teléfono de línea suena dos veces sobre la máquina de coser Singer. ¡Loly está embarazada!

¿Cómo iba a imaginar que esos minutos serían el único día de la Madre que íbamos a compartir con mi mamá casi de igual a igual?

Una mañana, veinte días después de aquella llamada, me levanté con una pérdida. Sabía que esas cosas a veces pasan y que no siempre son graves, pero por temor o precaución salimos corriendo a la urgencia. Me hicieron una ecografía y, un rato después, se acercó una enfermera para decirnos con el mismo tono que seguramente usaba para anunciar una gripe o una fractura de la tibia izquierda: «Lo siento mucho, no hay latido».

NO HAY LATIDO.

MUJER 28 AÑOS. LEGRADO ASPIRATIVO.

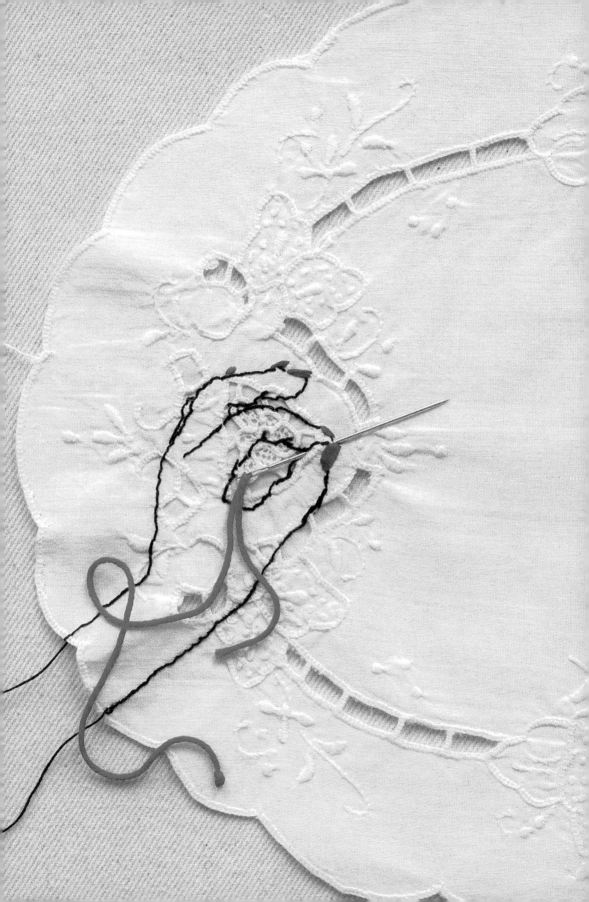

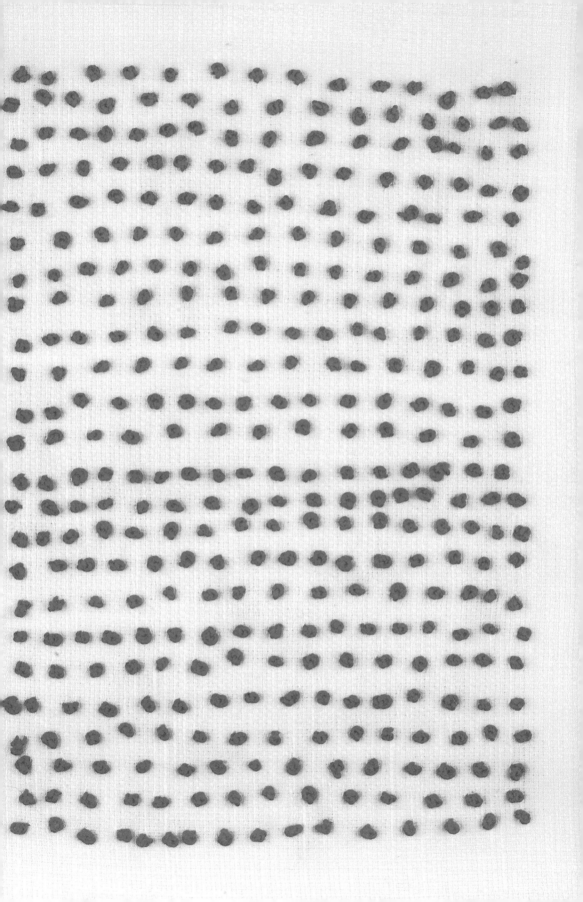

CAPÍTULO II

PUNTO NUDO

*También llamado «nudo francés».
Pasar la aguja con el hilo por la tela
y sujetarlo. Con el tramo que va de la
tela a los dedos, enrollar la aguja
con dos o tres vueltas y mantenerla
tirante. Tensar la hebra y pinchar con
la aguja muy cerca del punto de
partida. Bajar el nudo suavemente
hasta la base de la tela. Pasar la
aguja al otro lado de la tela sin soltar
la hebra y salir cerca para armar el
siguiente nudo.*

Y entonces, casi a los treinta años, mi vida dejó de deslizarse con la fluidez de un punto hilván para convertirse en una sucesión de puntos nudo. Pero no esos nudos que adornan los bordados y que tanto me gustan. Nada de eso. Eran los nudos que traban, que duelen, que lo complican todo.

Después de perder el primer embarazo, decidimos seguir intentándolo de manera natural. Esas pocas semanas de futuros madre y padre habían sido extraordinarias, únicas, llenas de porvenir. Era como si nos hubiésemos conocido de nuevo, pero desde un lugar diferente, como si de pronto nos mirásemos con otros ojos. Definitivamente había sido un buen ejercicio para confirmar que era lo que queríamos. Estábamos preparados para tener hijos.

La persona optimista y positiva que yo siempre había sido me consolaba con frases esperanzadoras: «Esto no va a salir mal». «Seguro que el próximo mes sí». Pero también había en mí algo nuevo, un sentimiento desconocido que había nacido con aquel primer dolor y que yo nunca había sentido: la frustración de que, por primera vez, no todo ocurría como yo quería.

No entendía qué me pasaba. En ese torbellino que empezaba a levantarse dentro de mí había lugar para ese y muchos otros sentimientos incómodos de los que todavía no era consciente. Pasé mucho tiempo tapándolos porque quería seguir, no quería que mi vida quedase anudada en ese momento. Pero la pérdida de mi bebé me había dado un golpe atroz y me había dejado una tristeza diferente, que me llenaba cada poro de la piel. Y no lograba medir la profundidad de aquel dolor porque nunca había sentido nada parecido. ¡Estaba jugando en otra liga emocional!

Seguimos intentando conseguir un embarazo de manera natural durante tres años. Treinta y seis meses. Mil novecientos noventa y cinco días. Y al final, la regla siempre me venía.

Entre regla y regla, sentía otro torbellino que crecía: una mezcla de expectativa y alegría y ansiedad y temor que me invadía cada vez que iba al baño. Mi vida parecía ser el escenario de fondo de esa escena principal, mirar el papel higiénico en busca de un rastro de sangre. Porque cada visita al baño podía ser un pequeño triunfo o la peor de las derrotas. Un infierno íntimo rodeada de azulejos.

Un día. Dos. Tres. No había sangre. ¿Y si esta vez lo había logrado? Siete días. Nervios. Fantasías. Cálculos. La cabeza que se adelanta y proyecta un futuro, piensa nombres, imagina cumpleaños. Entonces llegaba el momento de poner una fecha para hacerme el test de embarazo y confirmar si todo aquello era un sueño o una pesadilla. «Mañana a primera hora». Y esa noche casi no dormía, por supuesto, cómo iba a hacerlo si pasaba horas contando una y otra vez las dos rayitas del resultado positivo. Una, dos, una, dos, una, dos. Moradas. Nítidas. Rectas.

Entonces, en una de esas visitas al baño, allí estaba la sangre. La respuesta que no debía ser. Ariel decía que entendía mi dolor y sé que siempre hizo el esfuerzo, pero era imposible que me entendiese. No podía sentarse en mi lugar con las bragas a media pierna e imaginar de qué modo esa tela manchada me oprimía la garganta y me encogía el pecho. Muchas veces, yo sollozaba con la cara apretada contra la almohada para no despertarlo y no tener que hablar. Guardaba el test de embarazo que ya no tenía sentido usar en el fondo de un cajón, bien atrás para no verlo, pero no perdía la esperanza de que quizás el mes siguiente tuviese que usarlo, una vez que la carrera contra la regla volviese a empezar.

«En unos días todo pasará y yo seguiré adelante. Cicatrizo rápido, qué maravilla». Eso me decía a mí misma porque era fuerte…, y porque no sabía qué otra cosa decirme.

La escena se repitió tantas veces que perdí la cuenta (mentira: sé perfectamente cuántas fueron). Sin embargo, nunca lo hablé con mis amigas. Fue uno de mis secretos mejor guardados. Quizá porque sentía una presión brutal a mi alrededor: todos mis familiares esperaban *esa* llamada, todas mis amigas aguardaban el día en que yo pidiese una cerveza sin alcohol con mirada cómplice. Pero nada de eso ocurría. Las cosas no salían bien. No salían con la facilidad de antes. ¡No salían como yo quería!

Mi vida empezó a girar alrededor de un único tema. Mi espíritu alegre me miraba desde las trincheras buscando respuestas con desesperación, porque tenía que encontrar respuestas y darle algún sentido a todo eso para poder seguir, pero también empezaba a desdoblarse y a tratarme con dureza. «Estás fallada». «Nada va a volver a salir bien». «Sí, estás fallada».

En una entrada en mi diario de terapia escribí en esa época: «Me gustaría aprender a serenarme». Entonces tuve una especie de revelación: ser una persona alegre y positiva no era un don natural. Era una elección y tenía que alimentarla a diario si quería mantenerla viva, y no lo estaba logrando.

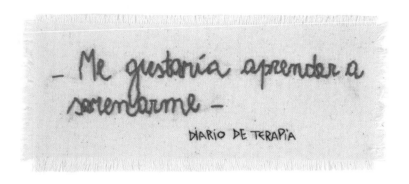

Pero no quería convertirme en mi peor enemiga. No quería volverme una persona triste. Por eso, mientras me hacía estudios médicos de todo tipo y color, empecé una terapia gestalt, hice meditación, aprendí a tocar el ukelele, me inicié en el *running*, probé el patinaje, incursioné en las terapias alternativas y me atreví con la alineación de chakras. Todo con el mismo objetivo: acallar esa voz espantosa que susurraba sin pausa en mi cabeza y que todo mi cuerpo escuchaba.

Una tarde como tantas, mientras regresaba a casa de una de mis terapias, pasé por la puerta de una tienda en el barrio Gótico y, curiosa, paré a mirar a través de la puerta a un grupo de mujeres bordando en silencio. Muy concentradas, todas con una media sonrisa y la mirada fija en el bastidor, seguían las indicaciones de una profesora vestida de mil colores. Desde afuera se veía un ambiente alegre y pacífico. La escena tenía algo de magia, transmitía la impresión de un ritual secreto. Por supuesto, hice lo único que sabía hacer en ese momento para calmarme: ¡me apunté también en esa clase!

Era otra apuesta para canalizar mi ansiedad entre personas desconocidas que no supieran de dónde venía ni qué me pasaba, que no esperasen nada de mí y a las que no tuviese que explicarles ni ocultarles nada. Quería desaparecer. Volverme invisible, anónima. Una tela en blanco.

La aguja fue una de las primeras herramientas que fabricaron los seres humanos hace más de veinte mil años. En las cuevas de Altamira se encontró uno de los ejemplares más antiguos: una aguja de hueso de punta muy fina con un agujero en el otro extremo. También en el antiguo Egipto había agujas de materiales naturales, aunque entonces, y hasta el siglo XVIII, no tenían ojo, sino un ganchillo para atar el hilo.

En octubre de 2010 asistí a mi primera clase de bordado y di mi primera puntada. Fue pinchar con la aguja y olvidarme del tiempo y las pérdidas y las frustraciones. Punto hilván, punto atrás, punto cadeneta. No lo sabía entonces, pero mi vida empezó a cambiar esa tarde. Tenía treinta y cinco años.

En aquel momento, Duduá era un local pequeño en pleno barrio Gótico. Apenas puse un pie sobre sus suelos turquesa, me sentí en casa. Era un espacio lleno de detalles y objetos que mis ojos recorrieron sin

pausa hasta posarse en algo que me devolvió de golpe al pasado: ¡unos banderines de colores que colgaban del techo! Iguales a los de mi primer cumpleaños, aquellos que acabaron desteñidos, pero estos eran luminosos, nítidos, felices.

No parecía un lugar real, sino un refugio de fábula. Irradiaba una sensación protectora y encantada que durante unas horas me hizo olvidar la vida que tenía de puertas afuera. Fue la vez que más tiempo pasé sin pensar en mí en aquellos años. Era como estar bajo un hechizo.

No había ido sola. Por algún motivo le pedí a Bety, la mamá de una amiga que vivía en Barcelona hacía varios años, que me acompañara. Bety es como mi madre postiza y un mes antes había perdido de forma repentina a su compañero de toda la vida. Llevarla conmigo era una manera de ponerle paños al duelo, al de ella y al mío, y calmar durante unas horas la tristeza en la que las dos estábamos enredadas.

Nos sentamos alrededor de la mesa. Diez mujeres de distintas edades, cada una con un bastidor en una mano y una aguja en la otra. Torpezas, risas, hilos de colores, puntadas, pruebas: de pronto, bordar se convirtió en un pasaje a una dimensión desconocida. Por un momento, volví a sentir que mi vida tenía un sentido.

Sentada frente a mí en ese aquelarre bordaderil había una mujer joven, Leire, una futura amiga que me acompañaría en los momentos más tristes que todavía estaban por llegar. La madre, la amiga y yo. Un triángulo de mujeres enhebrado por una aguja que todavía no sabía usar sin pincharme.

Aunque se calcula que existía desde el siglo III, la lengua *nushu*, la única en el mundo exclusiva de las mujeres, no se conoció hasta bien entrado el siglo XX debido al secretismo que siempre la caracterizó. El *nushu* era un modo que las mujeres de la sociedad feudal china, en su mayoría analfabetas por estar privadas de la educación formal, encontraron para comunicarse sin depender de los hombres y transmitir de generación en generación sus pensamientos, sentimientos, consejos y canciones. El *nushu*, que en chino significa literalmente «escritura de mujeres», se transmitía principalmente de madre a hija y se practicaba entre hermanas y amigas que se reunían para cantar en esa lengua y bordar caracteres en abanicos, pañuelos, cartas, piezas de ajuar y *sanzhaoshu*, votos dirigidos a las novias tres días después de la boda. Eran secretos bordados. Historias que cada mujer dibujaba con sus propias manos.

Más allá del bordado, mi vida real seguía como siempre: después de un año y medio de diagnósticos confusos, nos dieron los resultados definitivos de nuestros estudios genéticos.

Solicitud de estudio de la pareja estéril.
Ciclos menstruales regulares. Pareja estable. Antecedentes de abortos espontáneos. Deseos genésicos. Solicita estudio de pareja.
Citogenética constitucional.
Cariotipo de sangre. Presencia de una translocación cromosómica recíproca equilibrada entre los brazos cortos de los cromosomas 2 y 6, con puntos de rotura en p23 y p23, respectivamente.
Fórmula cromosómica: 46XXt (2;6)
Puede resultar en desequilibrio genético en la descendencia.

«Translocación cromosómica recíproca equilibrada». Esa soy yo.

Mi translocación genética ponía en jaque mi condición de mujer. No, no es cierto: ponía en jaque la condición de mujer que yo siempre había proyectado para mí. El legado de las mujeres de la familia iba a detenerse conmigo. Al desarraigo geográfico que llevaba a cuestas desde hacía casi dos décadas se sumaba ahora una nueva carga.

Dejar el lugar donde nací para mudarme al lugar donde vivo ha sido mi translocación de vida. Vivo en Barcelona lo que no viviré en Buenos Aires. Cada vez que regreso a mi ciudad natal después de llevar más de veinte años fuera, me invade la misma nostalgia extraña y punzante: la melancolía de ya no pertenecer allí y, a la vez, de sentir que siempre seré de allá.

Estoy hecha de dos translocaciones vitales, una migratoria y otra biológica, que durante años no supe equilibrar.

Entonces empezó a acelerarse la rueda de la locura. Agujas. Pinchazos para inyectarme hormonas. Pinchazos para sacarme sangre. Hematomas. Ecografías. Transferencias de embriones. Parches. Calores. Óvulos vaginales. Pruebas de embarazo. Y el bordado, ¡el bordado! La otra aguja, la que no dolía, la que atravesaba todos mis estados emocionales y creaba un manto protector para mantenerme a salvo de la desesperación. No sé qué hubiese hecho sin mis agujas y mis bordados.

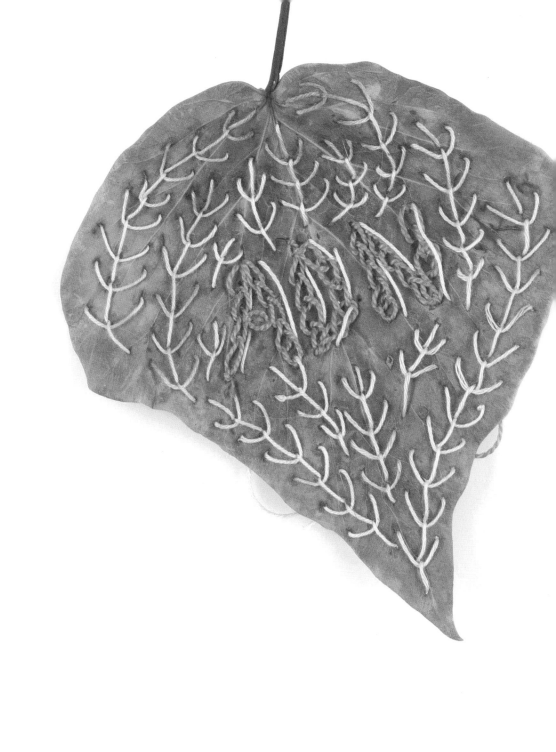

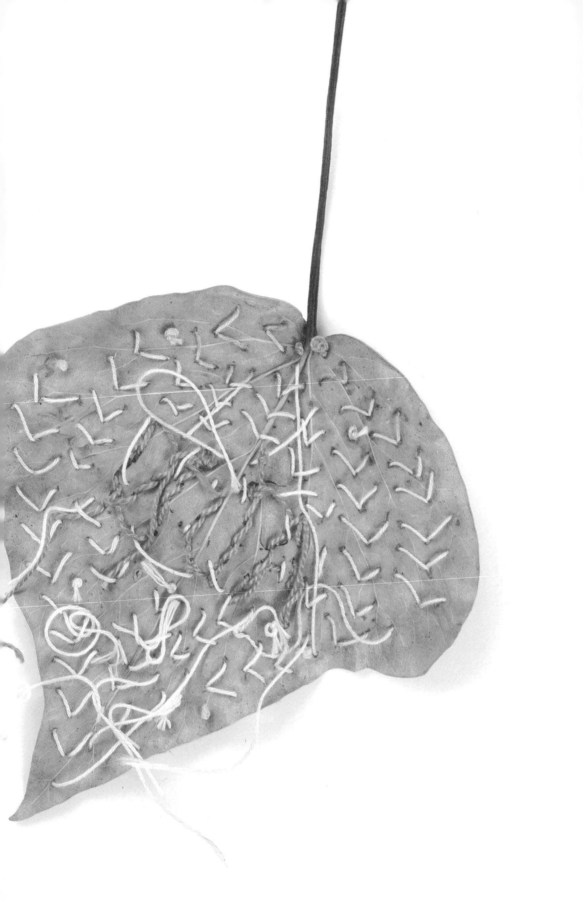

Se cree que los chinos fueron los primeros en usar agujas de acero y que los árabes las llevaron a Europa. Pero fue recién en el siglo xix cuando se produjo un desarrollo que cambió la historia de la humanidad: en 1853, Alexander Wood, un cirujano de Edimburgo, se inspiró en las abejas para idear un mecanismo con el que suministrarle morfina a su esposa enferma. Había inventado la aguja hipodérmica. Más de un siglo después, el inventor español Manuel Corominas completó aquella revolución al crear la versión desechable.

Después de aquel primer taller encantado, en mi cabeza sabía hacer muchas cosas, pero llevarlas a la realidad era un asunto muy diferente. Al principio era torpe con la aguja y elegía mal los hilos porque no entendía las diferencias de calidad entre unos y otros y las hebras no significaban nada especial para mí, pero empecé a ir a todos los cursos de bordado que podía.

Con cada taller me quitaba de encima capas de miedo al qué dirán y de frustración por lo que me salía mal. Era una liberación a fuerza de bordar y bordar: con cada puntada, un gramo menos de inseguridad y tristeza. Hice cursos de iniciación y cursos de puntadas avanzadas; tomé cursos experimentales y cursos bien disciplinados; tomé uno con el nombre maravilloso de «La aguja mágica» para aprender a usar una aguja muy pequeña, como un punzón, y hacer pequeños rulos y otro en el que me enseñaron a bordar con lana en la fragilidad del tul. Aprendía de todas las profesoras, de las que eran prolijas e impecables y de las que nos animaban a probar y equivocarnos.

Yo era una esponja. Quería conocer todo. Quería aprender todo. Como no sabía dibujar, mis posibilidades eran limitadas, pero mi imaginación volaba: en un momento empecé a calcar con papel vegetal imágenes de revistas que me gustaban y tomaba los contornos como referencia para aplicar las puntadas que iba aprendiendo. Y como tampoco sabía coser, usaba pañuelos de mercería como lienzo rematado y así me aseguraba de que no iban a deshilacharse mientras bordaba. ¡Me gustó tanto que terminé bordando una serie de personajes sobre pañuelos de distintos colores que todavía conservo!

Guardaba todos mis bordados en un cajón y apenas los compartía con mi círculo más cercano. No me interesaba mostrarlos, eran una forma íntima de calmar la ansiedad entre tantos tratamientos. Poco a poco empecé a sumar esta técnica a encargos que teníamos en nuestro estudio de diseño, comencé a sumar puntadas para identidades gráficas, bordando logos, elementos, y así podía esconderme tras la empresa, pero probar si esta nueva técnica gustaba más allá de mi entorno.

«TYLER THE CREATOR »
ESTA FOTO DE TERRY RICHARDSON LA ENCONTRÉ EN UNA REVISTA
"VICE". LA REINTERPRETE CON MIS HILOS. USANDO: EL PUNTO CADENETA
PARA EL CONTORNO DEL CUERPO CON UN HILO BIEN FINO LA AGUJA
MÁGICA PARA SUS LABIOS VOLUPTUOSOS Y EL PELO CON
INNUMERABLES PUNTOS NUDO.

AÑO 2014

«FOREST»
AQUÍ LA CANTANTE *Charlotte Marionneau* DE LA BANDA
Le Volume Courbe, RETRATADA POR TARA DARBY. AL VER ESTA
FOTO ME DEJÉ LLEVAR POR EL BOSQUE QUE APARECE DETRÁS Y
EMPECÉ A JUGAR CON LOS PUNTOS E HILOS.

LOS PANTALONES ESTÁN HECHOS CON LA AGUJA MÁGICA,
EL PELO CON PUNTO LLANO DIVERSIFICANDO LOS TONOS PARA
SIMULAR REFLEJOS Y LA CAMISA CON UN ESTAMPADO DE
PUNTOS LÁGRIMA.

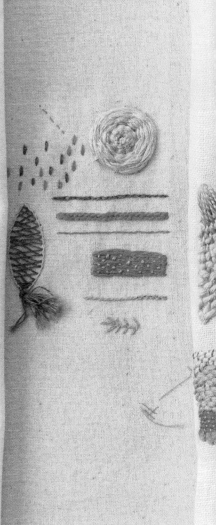

TALLER CON MISAKO MIMOKO (Eva)   TALLER CON "MIGA DE PAN"

LOS MUESTRARIOS DE PUNTADAS DE LOS TALLERES QUE REALICÉ.

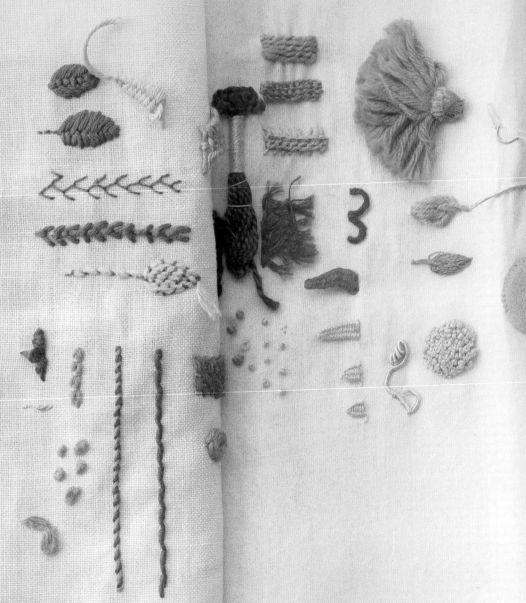

SEGUNDO TALLER CON EVA ☺   TALLER CON NURIA PICOS

Pero confieso que también conservo mi primer bordado con mucho cariño. No me gusta nada de nada, pero me ayuda a ver el camino que recorrí y el oficio que aprendí a fuerza de tantas horas de puntadas.

De huesos de aves o de rocas, de madera o de marfil, de cobre, bronce o hierro hasta llegar al metal actual; la de coser y zurcir, la de tejer y la de bordar, pero también la de coser heridas y la de aplicar vacunas, la de los tratamientos de enfermedades y de fertilidad: la aguja ha ido cambiando de materiales y de usos a lo largo de los siglos, pero casi no ha cambiado de aspecto en toda su vida. Se dice, creo que con razón, que es un objeto perfecto desde el mismo momento de su creación.

En esa época apareció Jagger. A fines de 2011, un día vimos una sombra que se movía en nuestro balcón. ¡Un gato! El de los vecinos, para ser precisa. Nunca habíamos tenido gatos, pero Jagger, quizás haciendo honor a su nombre, se paseaba bailarín de una terraza a otra y tímidamente empezó a ganar terreno en casa. Jagger está durmiendo panza arriba al sol en el balcón. Uy, Jagger está en el pasillo. ¡Está lavándose en el sofá! Uf, molesta a Maga pero también la ha animado mucho. Ah, qué gracioso, Jagger, se sube al escritorio y se tumba al lado de mi ordenador. ¡¿Cómo que ha pasado la noche con nosotros sobre la cama?!

Felizmente resignados a su presencia cada vez más frecuente, le creamos un *hashtag* #jaggerunvecinoimpertinente.

En 2013, los vecinos tuvieron que mudarse y nos preguntaron si queríamos adoptarlo. ¡Sí rotundo! Lo habíamos deseado tanto que no podíamos creer nuestra suerte. Nos trajeron su libreta sanitaria, su baño y con una despedida llena de lágrimas lo dejaron oficialmente en casa. Ese día pasamos a ser una familia de cuatro.

Quizá por eso, porque a medida que la familia se agrandaba también crecía mi felicidad, me resistía a darme por vencida con la búsqueda del embarazo y me expuse a más tratamientos de los que mis emociones aconsejaban. Iniciarlos me llenaba de ilusión, pero la caída en la realidad era cada vez más dura. Y aun así, a pesar de pincharme no sé cuántos mililitros de hormonas, mis ovarios no respondían. No lograba producir la cantidad necesaria de ovocitos, y los pocos que crecían apenas prosperaban. De la ilusión a la desilusión, de una aguja a otra.

Las clínicas de fertilidad eran como un limbo. El sonido blanco, la amabilidad distante de las recepcionistas y las enfermeras. Las frases de aliento y las caras de pena de los médicos. No me mentían, pero tampoco me decían toda la verdad: la tasa de éxito de la fecundación *in vitro* es muy baja, y cada año de vida, cada cumpleaños iba comiéndose una parte de ese mínimo porcentaje como un pacman.

La incomodidad me desbordaba. Ya no sabía qué decir, no podía seguir contando que perdía embarazos como si fuesen hojas que se lleva el viento en otoño. Una parte mía se había extraviado no sé dónde. Estaba desolada, enfadada, ¡y con culpa! Lloraba y bordaba. Cuanto más lloraba, más bordaba.

El bordado empezó a ocupar cada vez más horas de mi vida. Sumaba horas de bordado y, a medida que ganaba experiencia, notaba que cada mujer —las que enseñan y las que aprenden— tiene sus tiempos y sus formas, y que lleva tiempo encontrar un estilo propio. Como buena iniciada, además de los cursos pasaba muchas horas mirando vídeos en internet, no solo para repasar las puntadas más fáciles, sino también para animarme a ir incorporando las más difíciles sin que nadie me viese. Aprovechaba esas horas en soledad para probar con diferentes hilos y así descubría que podía hacer distintos efectos sobre la tela. A veces, el resultado era irregular, y otras, era mejor de lo que jamás hubiese imaginado. El ejercicio y el error me servían para aprender y descartar.

Mientras bordaba por las noches y los fines de semana, de día diseñaba en el estudio. Compartía estas dos caras entre la pantalla y los diseños y la aguja y los hilos, en una danza conjunta.

Bordar
i llorar...

De a poco —y a veces, confieso, no tan de a poco—, iba sumando telas de diferentes texturas y empecé a bordar tipografías y a experimentar con hilos de colores más atrevidos, más gruesos, que brillan en la oscuridad. De ese modo descubrí que, siendo principiante, es mejor bordar en telas que no sean elásticas porque lo complican todo: se arrugan, se fruncen, pueden ser enloquecedoras y muy frustrantes. Y la frustración era mi enemiga: iba a combatirla con las fuerzas que tenía, no me iba a ganar, no iba a dejar de bordar por su culpa.

En ese proceso de experimentación, Jagger se volvió protagonista. Ya no era nuestro vecino, pero seguía siendo impertinente y se paseaba tanto entre mis hilos que se me ocurrió bordar su perfil ¡con electrobordado! Es una técnica que incorpora circuitos, microcontroladores y materiales que conducen la electricidad: el hilo conductor permite bordar esos circuitos en superficies blandas como tela o fieltro para resaltar algunas zonas del bordado. ¡Si Maga y Jagger supieran lo inspiradores que han sido!

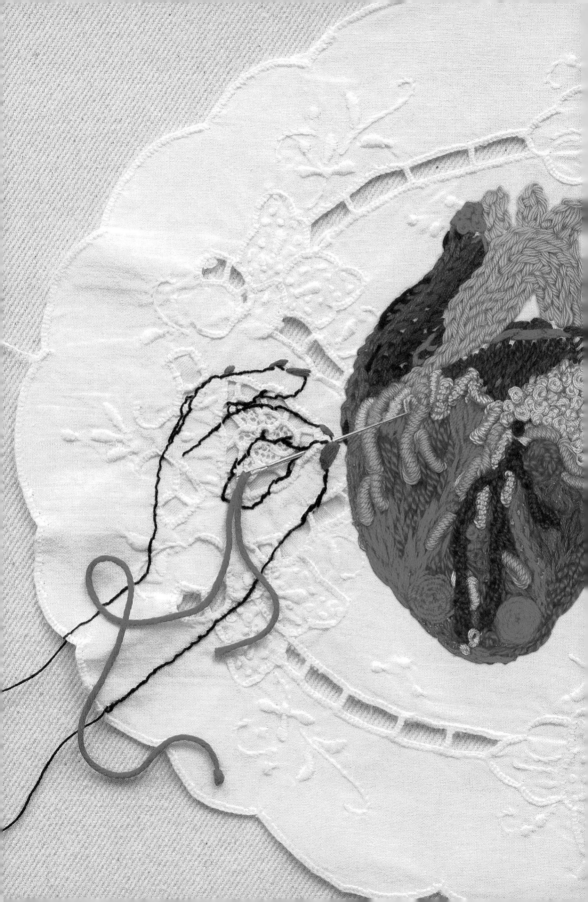

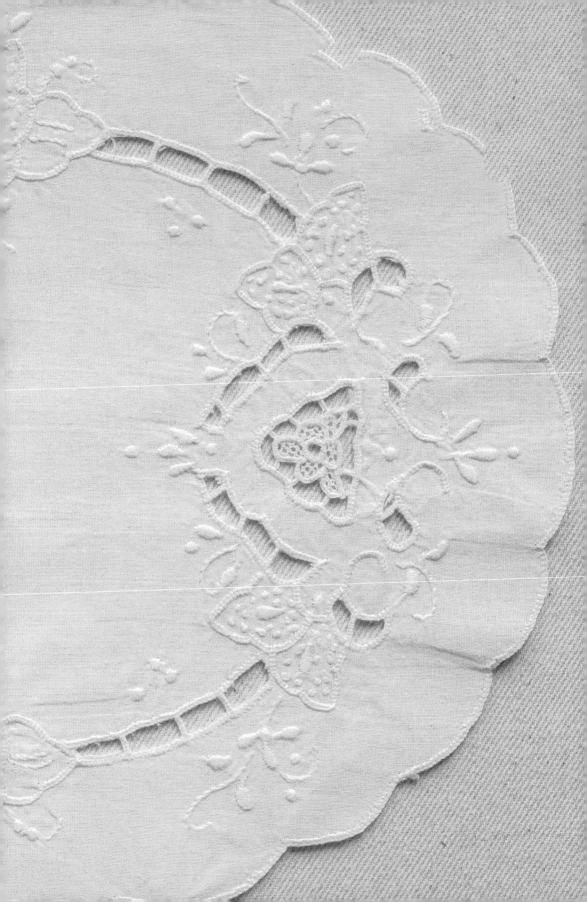

El bordado era mi refugio y allí, de algún modo, me permitía disfrutar del error. Así aprendí a apreciar cada pieza bordada como algo único y diferente, y me di cuenta de que los errores son grandes maestros. Ese fue mi gran aprendizaje de aquellos primeros años bordando: no hay que buscar la perfección. No hay que exigirse tanto, pensaba, y lo aplicaba en el bordado, pero no en la vida.

Uno de mis principales reproches era no poder hacer padre a Ariel. Por mi culpa, él no podía vivir esa experiencia. En medio del dolor, llegué a pensar en separarnos para que él pudiese encontrar a una mujer fértil con quien tener la descendencia rubia y de ojos rasgados característicos de su familia, como en esas fotos de niño que un día me decidí a bordar. «No me importa. Nos tenemos a nosotros. Si pensé tener un hijo fue con vos. Y si no se puede, no me importa. Estamos juntos. Nosotros somos nuestra familia». Sí, eran las palabras y los sentimientos perfectos, pero era yo la que no podía. Eso me hacía rabiar por la realidad que nos tocaba y me castigaba con la misma idea: si no sirvo, que me abandone. Cuanto más se encendía mi furia, más nos apagábamos nosotros.

Entonces me aferré como nunca a mis hilos y mis agujas. Me involucré en todas las actividades de bordado que encontraba y así conocí a muchas mujeres del mundo *craft*, de la fotografía, la arquitectura y el diseño, y un día, en una clase, me invitaron a ser parte de «La guerrilla del ganxet». El movimiento, que busca sacar el ganchillo a la calle, literalmente, y se conoce en todo el mundo como *urban knitting* o *yarnbombing*, existía en Barcelona desde 2010 con la meta de cambiar la imagen tradicional de las labores manuales de una forma lúdica y con un mensaje social.

Me sumé a «la guerrilla» y comencé a participar de acciones específicas en distintos barrios de Barcelona a las que podía unirse quien quisiera. Las primeras intervenciones eran puramente decorativas, pero fueron evolucionando hasta tener una faceta más reivindicativa. Si bien mi especialidad empezaba a ser el bordado, las acciones se hacían con ganchillo, una técnica que yo había probado y que no me entusiasmaba demasiado, pero nada me importaba con tal de pertenecer a ese grupo de mujeres alegres, decididas y creativas.

Las guerrillas eran para mí como un oasis. Me conectaban con la creatividad, las manualidades y el aire libre, como en mi infancia, pero sumaban algo nuevo: la creación en comunidad. Me sentía tan completa cuando estaba allí que empecé a dedicar más y más tiempo a los preparativos de cada acción. Elegía un vestido entre mis preferidos, me trenzaba el pelo y me zambullía en esa complicidad que íbamos construyendo ganchillo en mano.

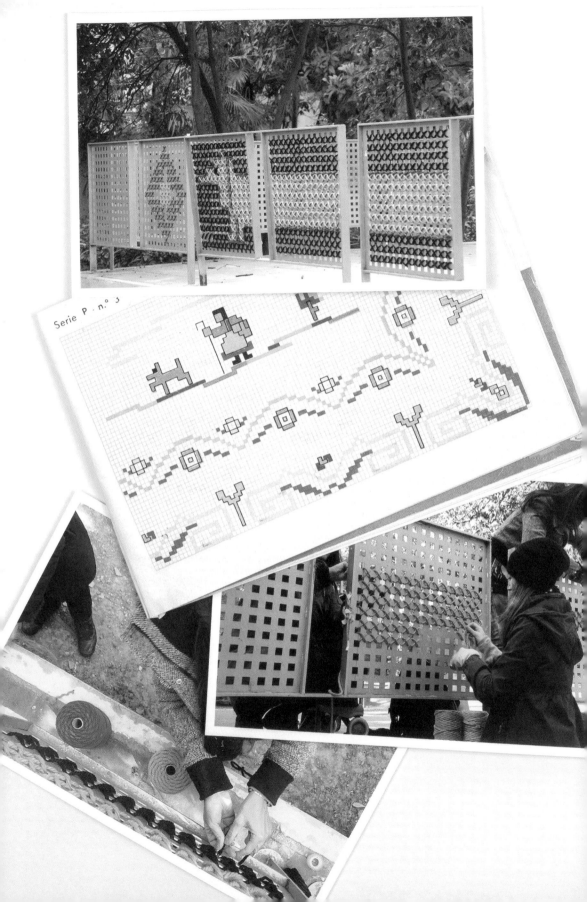

Serie P · nº 5

Mi primera intervención en el espacio público con la guerrilla fue un perro salchicha XXL en punto de cruz y con cuerdas en el parque Brusi, en el barrio de Sant Gervasi, pero no fue el único bordado gigante. También hicimos el «comecoches» en el Carmel invitadas por el Espai Boca Nord. Esa guerrilla consistía en bordar un pacman, también en punto de cruz extra grande, sobre las rejas del centro, encima de la entrada del Túnel de la Rovira, en protesta por la cantidad de vehículos que circulan contaminando el aire de la ciudad. Participar de esos encuentros era como tomarme vacaciones del mundo de la fertilidad y de los amigos y familiares expectantes. El espacio perfecto, un torbellino de hilos de colores y mujeres fuertes.

Casi en paralelo, dos de las maestras que me enseñaron a bordar, Eva y Nuria, me invitaron a ser parte, un domingo al mes, de las «Abuelitas Modernas», un grupo de mujeres en torno a los treinta años que compartían labores, técnicas de bordado, secretos y té con tartas exquisitas. Nos reuníamos en distintos lugares de Barcelona, desde cafeterías hasta parques, a tejer, bordar o hacer ganchillo juntas y pasar la tarde intercambiando trucos e ideas.

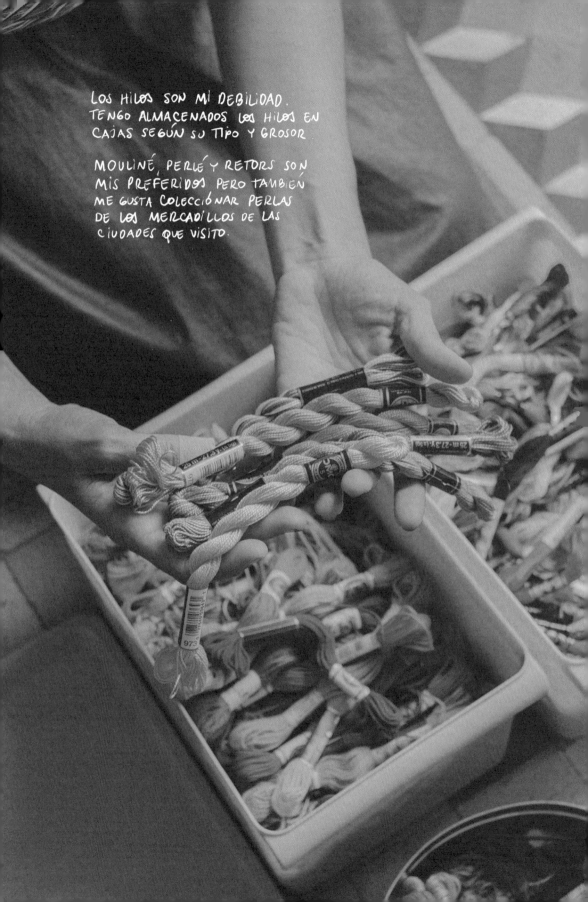

LOS HILOS SON MI DEBILIDAD.
TENGO ALMACENADOS LOS HILOS EN
CAJAS SEGÚN SU TIPO Y GROSOR.

MOULINÉ, PERLÉ Y RETORS SON
MIS PREFERIDOS PERO TAMBIÉN
ME GUSTA COLECCIONAR PERLAS
DE LOS MERCADILLOS DE LAS
CIUDADES QUE VISITO.

Compartir un espacio con esas mujeres como pares, y ya no como alumna, me llenaba de orgullo. Pero mi mayor satisfacción era que en esos grupos nadie conocía mi historia. Éramos mis agujas y yo, nada más, y eso me daba tregua para mostrarme como en el fondo siempre había sido: curiosa y optimista. La aguja de bordar cosía mis partes rotas. Me daba la vida y la alegría que la aguja médica me negaba.

El tapiz de Bayeux es el bordado europeo más antiguo y famoso y una de las piezas más importantes de la historia textil. Confeccionado en el siglo XI sobre un paño de lino de 68 metros de largo y 50 centímetros de ancho bordado con hilos de lana de colores, cuenta la historia de la conquista normanda de Inglaterra en 1066. Fue la labor colectiva más grande registrada hasta ese momento: más de mil figuras bordadas en una secuencia de 58 escenas de guerra que funcionan también como un registro documental del modo de vida de la sociedad medieval. En aquellos tiempos, el bordado era considerado, al igual que la pintura y la escultura, un arte, y se ha dicho que solo hombres conocedores del arte de la guerra podrían haber hecho una obra semejante. Pero hay un detalle que indica una mirada femenina. Solo hay cuatro mujeres en todo el tapiz: una llorando la muerte de su esposo, otra siendo golpeada por un religioso, una madre rescatando a su hijo y una joven que huye, desnuda, de un hombre. Mujeres bordadoras, cómplices, rodeadas de ovillos de lana roja, amarilla, verde y azul, creando en silencio y a la luz de las velas uno de los bordados más maravillosos de la historia.

MAY
MORRIS

El bordado como camino propio

Si estuviésemos en pleno siglo XX y alguien preguntase por May Morris, la respuesta más probable sería: ¿acaso no era hija del extraordinario diseñador, escritor, traductor y socialista inglés William Morris, que lideró el movimiento Arts & Crafts y marcó una etapa histórica en la que el bordado pasó a ser una de las Bellas Artes?

Es que el siglo que comenzó cuando en Inglaterra llegaba a su fin la era victoriana definió que el trabajo de May obtuviese un reconocimiento muy por debajo del que correspondía a su talento creativo y siempre detrás de la figura de su padre. May nació en 1862, cuando su padre lanzaba Morris & Co., la compañía de bordados, telas estampadas y papeles pintados que en pocos años lo convertiría en un fabricante exitoso reconocido en Europa y Estados Unidos. Era su hija más pequeña, sería su sucesora y, en otras condiciones, probablemente habría sido su principal competidora. Porque, aun a la sombra de aquella inmensa figura masculina, May unió las artes y los oficios que eran moneda corriente en su hogar para hacer aquello que su padre tanto ambicionaba: tener un estilo propio.

Había aprendido a dibujar con él y a bordar con su madre y su tía. Ambas diseñaban y fabricaban textiles para el negocio familiar en expansión. Con veintitrés años, May se convirtió en directora del departamento de bordado de la compañía y empezó a participar en exhibiciones y conferencias de Arts & Crafts con bordados exclusivos y textiles de ediciones limitadas, de formas orgánicas y fluidas, que rehuían la repetición de patrones. Los trabajos eran diseñados y bordados por ella junto con artesanos y aprendices, muchos de ellos mujeres, a quienes había entrenado en el estilo de la casa. O sea, su estilo. Algunos, como «Madreselva», pasaron a la historia como los diseños emblemáticos de la compañía, solo que fueron atribuidos —¡cómo no!— al talento de su padre.

Cuando William Morris murió, May abandonó el negocio familiar para trabajar por su cuenta haciendo bordados por encargo, dedicándose a la joyería y la tapicería, dictando clases en escuelas de arte de Londres y conferencias en Estados Unidos, y editando los veinticuatro volúmenes de las obras escritas por su padre. Poco antes se había casado con el socialista Henry Sparling, un matrimonio de ocho años y ningún niño.

May pasó gran parte de esos años ocupada en viajar, enseñar y difundir las artes a las que había dedicado su vida, y en revertir la imagen de las bordadoras como mujeres aburridas que no sabían en qué perder su tiempo: la realidad era que se trataba de trabajadoras a las que se les debía un salario digno. Con ese espíritu, en 1907 fundó el Gremio de Mujeres de las Artes para apoyar a las obreras independientes. Era una alternativa revolucionaria ante la negativa del Gremio de Trabajadores del Arte a admitir mujeres en sus filas (¡algo a lo que siguió negándose hasta 1972!). En 1936, dos años antes de morir, May Morris escribió su frase más célebre a su antiguo amante, George Bernard Shaw: «Soy una mujer excepcional. Siempre lo fui, aunque nadie pareció darse cuenta».

Entre un intento fallido y otro, decidimos hacer con Ariel un viaje especial a Sicilia. Allí había nacido mi abuela materna, Josefina, y desde allí emigró a Argentina con su mamá, mi bisabuela María, cuando tenía cinco años. Así me convertí en la primera de la familia en regresar a la tierra de origen. Estaba revolviendo en mi linaje femenino en busca de algo que calmase mi angustia. Necesitaba encontrar una respuesta en mis raíces.

Llegamos al pueblo un viernes de agosto al mediodía, con un calor sofocante y un sol que partía la tierra. No había nadie, por supuesto, y el registro civil en el que esperaba conseguir la dirección de la casa donde había vivido mi abuela estaba cerrado. «Aiuto, aiuto», sollozaba yo en italiano al encargado de seguridad del registro, que se apiadó y llamó a un funcionario para que me socorriese.

Yo llevaba mis trenzas bien tejidas y un vestido amarillo yema de huevo muy llamativo que había usado mi madre de joven. Me parecía apropiado para ese día en el que iba a reunirme con todas las mujeres de mi familia haciendo el camino inverso, de regreso a los orígenes.

A medida que caminábamos hacia la casa de mi abuela, tomaba fotos de todo lo que se cruzaba en mi camino: el cartel de entrada al pueblo, el nombre de la calle, la placa con el número de la casa. Quería registrar cada detalle de ese momento trascendental. Tenía conmigo un cuaderno en el que iba dibujando granitas sicilianas, helados, frutas del mercado, carteles con mensajes en italiano.

Mi espíritu diseñador estaba enloquecido con esa composición.

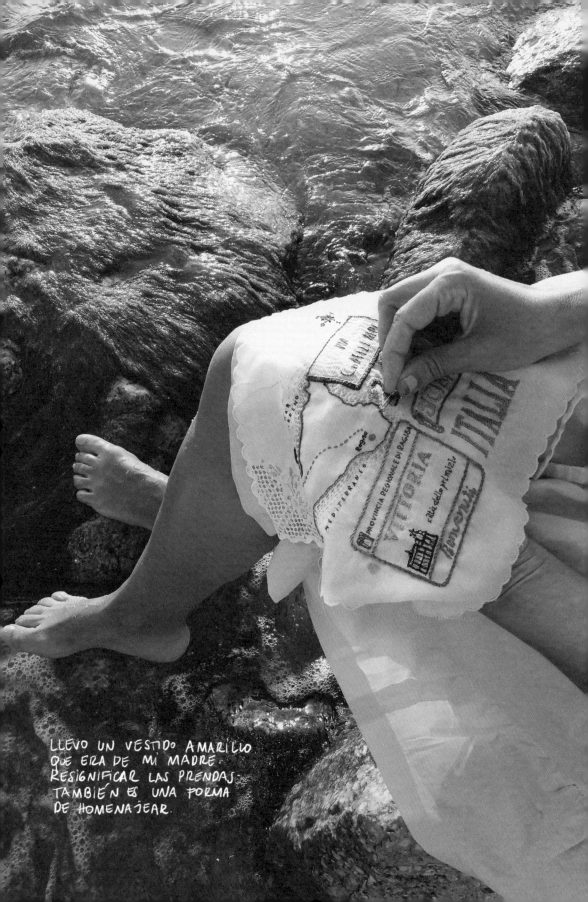

LLEVO UN VESTIDO AMARILLO
QUE ERA DE MI MADRE.
RESIGNIFICAR LAS PRENDAS
TAMBIÉN ES UNA FORMA
DE HOMENAJEAR.

Al regresar a Barcelona, tomé un pañuelo que me había regalado mi abuela, calqué allí mi composición y empecé a bordarla. Los nombres de las calles, los números de los portales, la señalética de las ciudades. Volví a recorrer aquel pueblo siciliano con mis hilos y lo titulé «Di dove sei» (De dónde eres) sin saber que sería mi proyecto de bordado más personal, las puntadas que me unían con mis antepasados femeninos y, al mismo tiempo, homenajeaban a aquellas mujeres, aunque ninguna de ellas había bordado.

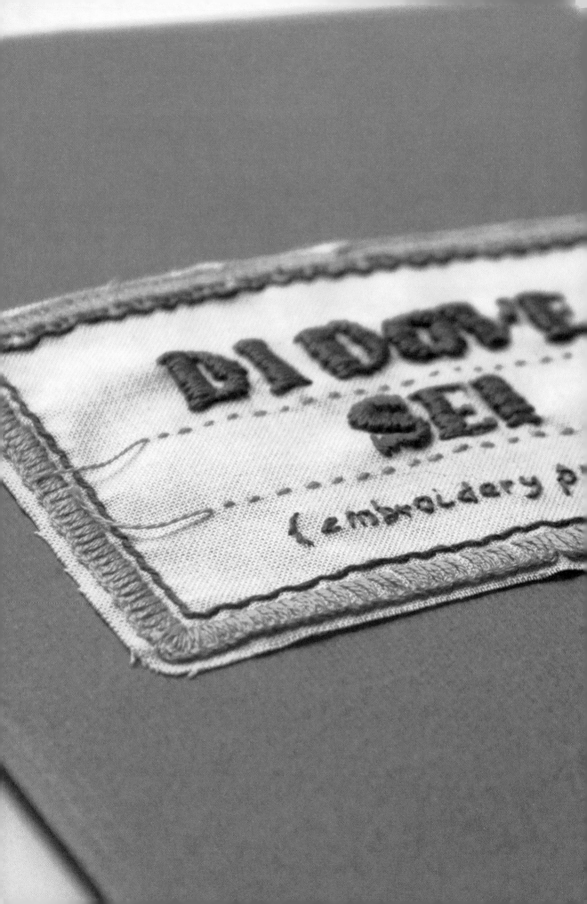

CON EL PROYECTO "DI DOVE SEI" (De dónde eres)
HICE UN FANZINE QUE SE EXPUSO EN SICILIA,
DENTRO DE UNA MUESTRA ITINERANTE.
ME PARECIÓ HERMOSO Y SIMBÓLICO QUE LAS VUELTAS
DE LA VIDA ME LLEVARAN A EXPONER ALLÍ,
MI HISTORIA, MIS BORDADOS, TODO VOLVIENDO
AL ORIGEN.

Era el inicio de un legado que yo estaba creando con mis manos.

Pero sobre ese descubrimiento maravilloso planeaba la larga sombra de mi peor inquietud: «¿Podré mantener este linaje de mujeres? ¿Podré tener una hija para continuar esta historia?».

Y entonces, bingo, empezaron a multiplicarse los embarazos en mi círculo de amigas. Estaba rodeada.

Algunas amigas fueron madres, otras decidieron abortar, y yo seguía ahí, diciéndome que eso que sentía no era envidia. Pero eran pinchazos de una vida a la que yo no tenía acceso, y aunque me alegraba por ellas, decidí que no podía seguir viéndolas tan a menudo. No me hacía bien escuchar hablar de bebés durante horas porque yo no tenía nada para compartir allí.

A medida que nacían los hijos de mis amigas, esa sensación cambiaba. Las personas en miniatura que asomaban desde sus carritos aplacaban toda mi rabia. No eran los bebés lo que me producía envidia: ¡sentía envidia de las embarazadas!

Nunca dejaron de incomodarme los días de la Madre. Todavía me hacen sentir incompleta y triste: pienso en lo que no fue, en la edad que tendrían mis hijas e hijos, y vuelvo a enojarme con la vida. Nos suele ocurrir a algunas mujeres sin hijos en esa fecha. Vemos pasar imágenes, felicitaciones y recuerdos que no tenemos, y sentimos que algo se nos escapa.

A nosotras no nos festeja nadie.

«No veo la enseñanza de todo esto, me cansa, me duele, no es justo», escribí en mi cuaderno de terapia. Era tan cierto como que el bordado se había convertido en la única luz en mi camino.

NO NOS FESTEJA NADIE

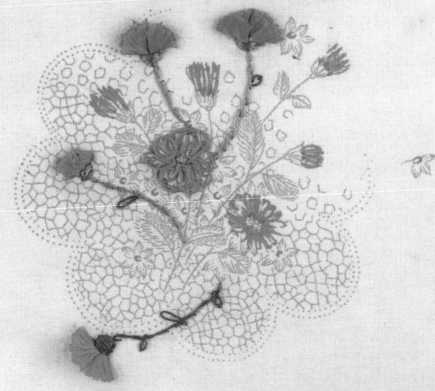

Los dechados eran paños en los que se bordaba el alfabeto, formas geométricas, guardas decorativas y frases religiosas, y solían transmitirse de generación en generación como parte de los testamentos en el siglo XVIII. En esos tiempos, las tareas de bordado, la costura y el tejido eran consideradas labores femeninas y, por lo tanto, menores. Por eso, muchas mujeres no sabían escribir, pero sí bordar: en los dechados podían dar su visión del mundo. Hace algunos años, vi en un libro de bordado un dechado que una madre había bordado en recuerdo de su bebé muerto. Esa imagen me golpeó. Era una madre que bordaba el dolor, la pérdida, el vacío. Los hilos y las agujas eran su camino para transitar el duelo. Desde entonces quise hacer mi propio dechado para despedir a todos los bebés que no tuve.

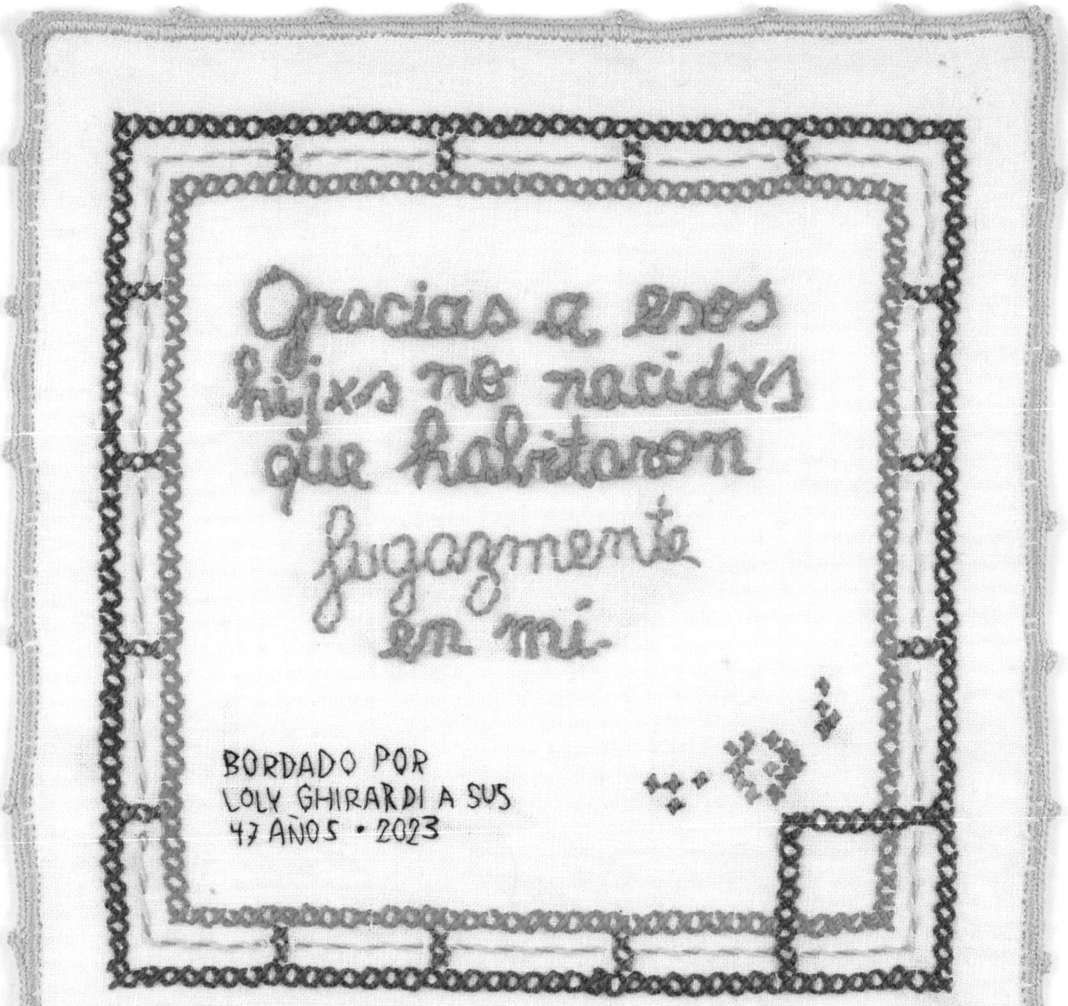

Gracias a esos
hijxs no nacidxs
que habitaron
fugazmente
en mí.

BORDADO POR
LOLY GHIRARDI A SUS
47 AÑOS · 2023

Poco después decidí viajar a Buenos Aires. Venía postergando la visita y no quería hacerla mientras estuviera en la «amarga espera»: hasta ese momento, todo giraba en torno de mi (no) maternidad, de las fechas posibles para volar si estaba en pleno tratamiento, de las fechas para volver si necesitaba empezar otro. Pero por una vez dejé todo eso a un lado. Quería huir por un tiempo. Necesitaba el abrazo de mi mamá. Necesitaba ser hija.

Llegué a Buenos Aires en plena primavera. Llevaba conmigo una maleta con kilos de regalos y otra con sobrepeso de culpas, miedos, frustraciones, enojos, soledad, confusión, lágrimas y nudos en la garganta. Pero la primera sensación fue que el calor de la primavera me abrazaba. Era una buena señal. Llegué a casa de mis padres y me atiborré de escenas familiares: mates y medialunas, mi hermana y mi hermano, *sanguchitos* de miga, mis sobrinas. Cuando terminó mi primer día al otro lado del océano y la casa recuperó el silencio, nos sentamos con mi madre en la cama grande, me recosté junto a ella y me eché a llorar.

«Tengo lágrimas guardadas para llorar acá», escribí en mi diario durante esa estancia en Argentina.

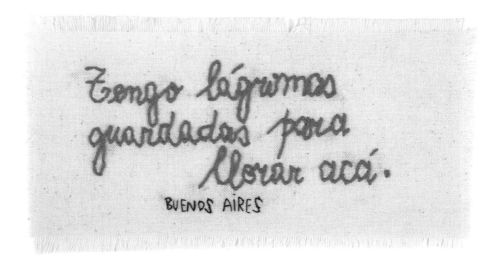

QUERERSE EN LAS LUCES ES BONITO
QUERERSE EN LAS SOMBRAS ES ESENCIAL

En esos primeros ocho años de búsqueda fallida, corrí 120 kilómetros y 12 cursas. Aprendí a tocar 15 canciones en el ukelele. Fueron madres 12 amigas-colegas-conocidas cercanas. Otras 3 decidieron abortar. Di 320.000 pasos en la playa con Maga. Lloré 7 litros de lágrimas. Recibimos a 19 personas en nuestra casa. Me sacaron sangre 37 veces. Visité 31 ciudades. Hice 1 curso de cerámica. Tuve 1 embarazo ectópico. Escribí 53 páginas de mi diario. Entré a quirófano 1 vez para que me quitaran la trompa derecha. Hice 3 viajes a Buenos Aires. Tuve 38 horas de terapia. Dije «no» 27 veces a salidas con amigas. Perdí a mis 2 abuelas. Medité 15 minutos por día durante dos años. Acumulé 3 estampitas de san Ramón y 2 de Nuestra Señora de la Dulce Espera (que me enviaba mi mamá con cada visita que venía de Buenos Aires). Tejí 8 animales en ganchillo para regalar a bebés recién nacidos. Me apliqué 24 inyecciones para estimulación ovárica. Me hice 16 test de embarazo. Bordé 29 bastidores. Aborté espontáneamente 3 veces. Miré 21 películas en el cine. Me hicieron 34 ecografías. Tuve 3 tratamientos de fecundación *in vitro* fallidos. Fui a 9 conciertos y a 6 festivales. Patiné 100 kilómetros. Viví en 2 casas diferentes.

Algunas de esas actividades las disfruté, pero la mayoría no.

Diccionario histórico de la lengua española (1960-1996)
buscar una aguja en un pajar. fr. fig. y fam. Empeñarse en conseguir una cosa imposible o muy difícil.

Literalmente, sentía nudos en el corazón, en los hombros, en el estómago. Mi cabeza y mi cuerpo no daban más, necesitaba con desesperación una salida, una señal del universo. Y entonces no llegó una, sino dos.

Primera señal. Mi amiga Agustina Guerrero me invita a bordar una ilustración para uno de sus libros. El trabajo era hacer un fondo para una de las ilustraciones, sin guion ni pautas, solo con una premisa simple y desafiante: completar el escenario de la ilustración e inventar un colorido fondo bordado. Era difícil, pura creación. Dudé muchísimo al recibir su encargo y dudé muchísimo después de aceptarlo. Me pesaba toneladas tener que bordar con las pocas fuerzas que tenía.

Pero bastó con empezar para que los hilos de colores tomaran vida y me sugirieran formas y puntadas que iban deshaciendo mis nudos internos. Empecé aplicando en esa página todo lo que había aprendido hasta ese momento y, casi sin darme cuenta, entré en un trance cromático. Probar puntos, decidir colores, combinar hilos y texturas.

ESTA ES LA DOBLE PÁGINA DEL LIBRO. UN BORDADO QUE APORTÓ COLOR A LA ESCENA Y CADA VEZ QUE MIRO EL LIBRO ACARICIO ESTA PÁGINA Y RECUERDO CÓMO EMPECÉ ESTE CAMINO.

No quise firmar ese encargo con mi nombre. Tenía ganas de usar un nombre distinto porque, de algún modo, me aliviaba la idea de ser otra: esa mujer que era feliz bordando.

Primer correo electrónico a mi hermana:

Hola, hermana bella, corazón de melón.

Necesito un favor. Quiero hacerme un blog de mis bordados, ganchillerías, etc., y no sé qué nombre ponerle. A continuación, el brainstorming de todo lo que se me pasa por la cabeza... ¿Qué te sugiere todo lo que te digo?

Hilos, unir puntadas, bordar, inventar, crear universos con hilos, punto por punto, punto seguido...

LA IDEA ES QUE HACER ESAS COSAS ME HACE MUY BIEN, me zambullo en mi universo particular donde lo que hago me completa y me hace feliz, entonces no sé si unirlo a una palabra que no tenga nada que ver con nada y que a mí me guste...

chapuzón

juguete

arcoíris

helado de chocolate

prisma (cómo se ven las cosas a través de lo que me gusta hacer…)

¿prisma mágico?

Señorita algo

O el nombre de algún planeta…, algo de universo…, mi universo...

¿Qué te parece?

Segundo correo:

¿Qué te inspira Señorita Lylo?

Me gustaría algo capicúa, como Lylo es Loly, es mi parte alter ego.

Me gustaría poner que soy diseñadora, pero me desmeleno con los hilos con Señorita.

Mi nombre es Loly Ghirardi y Señorita Lylo es mi alter ego. Ella borda, teje en cuanto Loly le deja un espacio. Señorita Lylo es la otra mitad, la otra parte, el reflejo, el interior, lo que completa. Las cuatro letras que definen lo que soy.

Es tan curiosa que no le dan los días para abarcar todo lo que le gusta.

No sé si es medio ñoño... ¿Me ayudas? Loviu!

¡Así nació Señorita Lylo! Mantuve mi nombre real para los trabajos como diseñadora, pero para los bordados era otra. Loly diseñaba en el ordenador y Lylo bordaba en el bastidor.

LA PRIMERA FOTO COMO SEÑORITA LYLO.
LAS TRENZAS COMENZABAN A SER PARTE
DE ESTA NUEVA YO.

Loly diseña en su ordenador

Lylo en su bastidor

En realidad, estaba nombrando y dando voz a la parte de mí misma que no quería meterse bajo la tierra y desaparecer del mundo. Necesitaba darle un nombre a esa persona detrás de la que podía esconderme, pero también necesitaba darle vida porque se parecía a la mujer que siempre había sido.

La aguja de bordar me estaba enmendando. Loly estaba rota y Lylo la reparaba.

Entonces llegó la segunda señal, también en forma de correo electrónico:

Hola Loly:

Mi nombre es María, te escribo desde un espacio llamado «Contigo alla fine del mondo», ubicado en el barrio de Malasaña de Madrid.

Me encanta lo que haces y quiero invitarte a que vengas a dar un taller aquí. Me haría mucha ilusión y a mis clientas seguro que les encantará. ¡Espero que evalúes la propuesta y me digas que sí!

Un abrazo,
María.

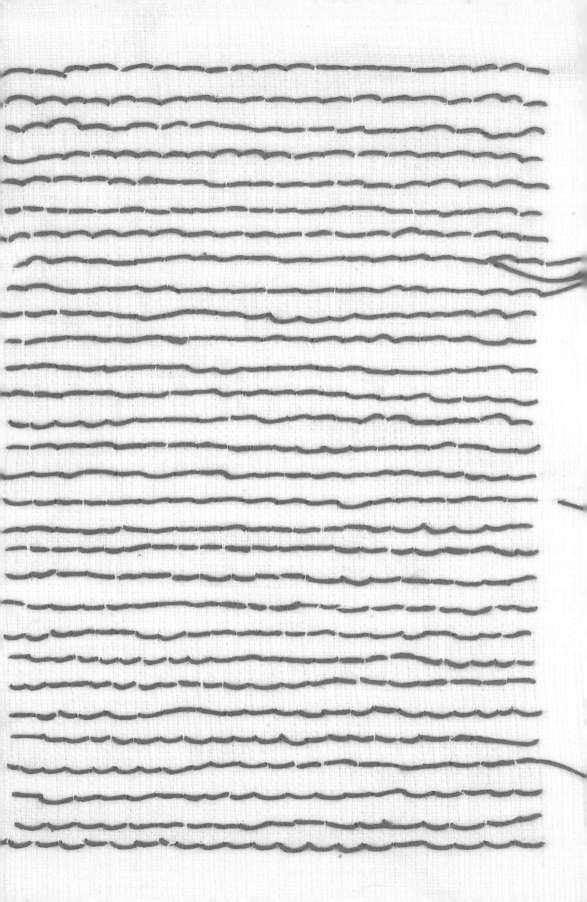

CAPÍTULO III

PUNTO ATRÁS

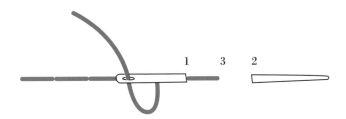

Hacer una puntada simple y a continuación dejar un espacio de la misma longitud, luego volver hacia atrás cubriendo el espacio vacío. Repetir este procedimiento respetando el largo de la puntada. Las puntadas quedarán conectadas formando una línea de hilo continuo.

El 14 de marzo de 2015 llegué a Madrid para dar mi primera clase. Estaba muerta de los nervios. Realmente no sabía si estaba preparada para eso y con un esfuerzo notable tuve que hacer a un lado el síndrome de la impostora antes de tomar el tren que me llevaría desde Barcelona.

Para calmar mi ansiedad había pensado mucho qué podía enseñar: quería que fuese algo bonito y con sentido. Se me ocurrió bordar un cuello de camisa y titulé el *workshop* «Bordar un bosque (para tenerlo cerca)». Pero me sentía tan insegura que la noche anterior soñé que llegaba a la clase y me encontraba con las alumnas disfrazadas de soldados gritándome «¡Fuera! ¡Fuera! No sabes enseñar». No era un sueño, era mi peor pesadilla.

En la vida real, en cambio, mi primera clase fue un éxito. Compartir mi experiencia con el bordado con otras mujeres fue —y sigue siendo— una de las mejores recompensas. Pero fue también una vuelta de la vida que me tomó por sorpresa y me mostró que yo era capaz de hacer cosas que no había imaginado.

Los cuellos bordados fueron desde entonces, y durante varios años, mi proyecto estrella. Mi marca registrada, podríamos decir.

Si hubiese tenido que poner en palabras aquellos años, entre 2007 y 2015, habría dicho sin duda «soledad» y «llorar», pero también «bordar». Las tres palabras estaban presentes en cada momento de mi vida, tan enredadas y difíciles de separar como a veces quedan mis hilos en la caja donde los guardo. Las dos primeras me producían sensaciones que se entrelazaban y no me daban respiro, como un punto cadeneta en el que un bucle se une a otro hasta volverse una misma pieza, hasta que aparecía el bordado y sentía que mis pulmones volvían a recibir aire.

LOS CUELLOS DISEÑADOS FUERON DE MIS PROYECTOS
MÁS CONOCIDOS, SALIERON EN UNA REVISTA
SUDAFRICANA, FORMARON PARTE DE MIS PRIMEROS
CURSOS PRESENCIALES Y ONLINE.

En esa época, casi sin darme cuenta, empecé a hacerme trenzas para dictar los talleres. El cabello, los vestidos *vintage* estridentes, mis uñas de colores eran mis recursos vitales. Esa mujer que bordaba y se trenzaba el cabello era mi otro yo, la que llevaba una vida alegre y luminosa y le ponía la cara y el cuerpo al mundo que a mí tanto me pesaba.

Las trenzas siempre me habían gustado. De chica le pedía a mi madre que me las hiciera, pero sobre todo a mi tía Yoly, que era experta en las trenzas cosidas. Trenzar el cabello es una tarea muy bonita. No es simplemente entretejer, sino transformar algo en una explosión de volumen. Con los años me di cuenta de que yo tenía mi propio ritual. Nunca frente al espejo: para trenzarme el cabello tengo que caminar. Dar un paso tras otro por la casa, a lo largo del pasillo, cruzando la terraza, dando vueltas alrededor de la mesa. Mis trenzas necesitan movimiento. Ese ritual de creación ocultaba algo profundo, yo también estaba transformándome. El bordado me estaba cambiando.

Esa imagen que transmitía al mundo exterior me mantenía a flote, me abrazaba, me daba fuerzas y me ayudaba a soportar a la persona en la que me había convertido en esos años. ¡Señorita Lylo era real! Y yo necesitaba sus trenzas, sus flores y sus agujas para empezar a reconciliarme conmigo misma.

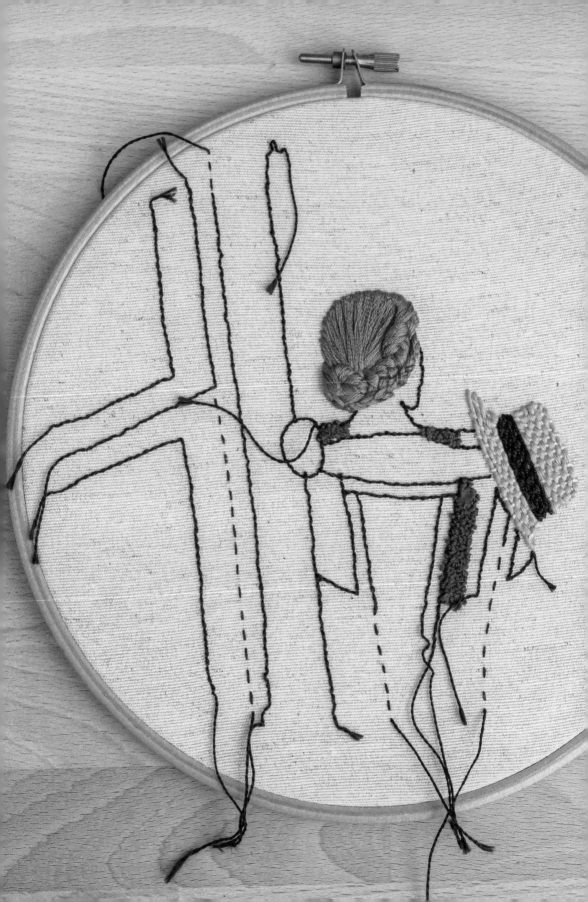

EL BORDADO DE UN
RECUERDO EN EL PISO
DEL RAVAL.
UNA TARDE DE VERANO
EN MI MECEDORA Y
MI SOMBRERO ESTIVAL
SIEMPRE CERCA.

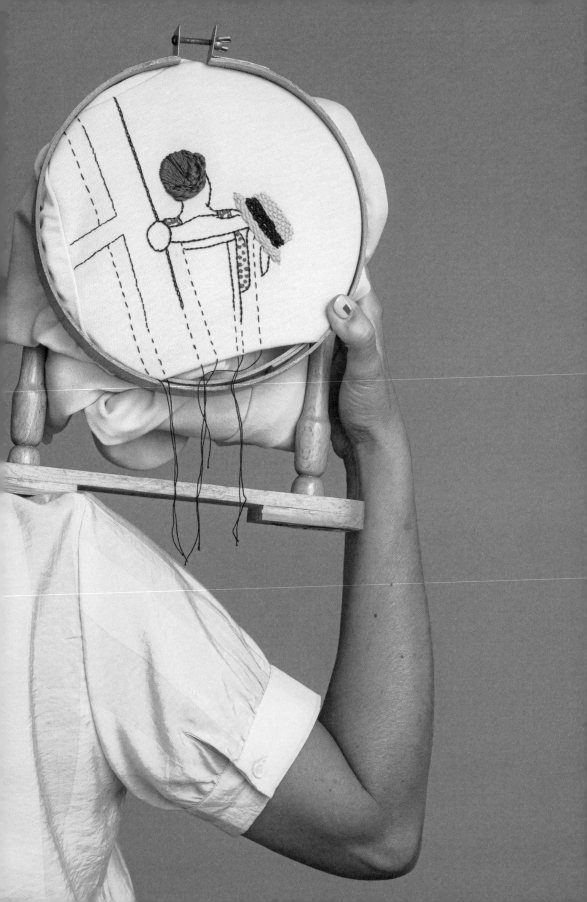

FOTOGRAFÍA INTERVENIDA
CON MIS HILOS
DE MI ABUELA FINA
Y MI ABUELO JULIO
EL DÍA DE SU BODA.

COLORES Y FUEGOS
ARTIFICIALES EN ESTA
SUDADERA BÁSICA NEGRA.
PATRÓN DISEÑADO
PARA DMC

Mi camino como bordadora fue echando raíces y ampliando horizontes. De a poco, empezaban a llegarme propuestas de colaboraciones y trabajos soñados. Era una repercusión que no esperaba, y entonces me animé a abrir una cuenta en las redes sociales con el nuevo personaje que cada vez me gustaba más interpretar. Los encargos iban creciendo y los seguidores en mis redes sociales se sumaban día tras día. Hice portadas para revistas digitales, un bordado para un libro llamado *Wonderland* y hasta una etiqueta de vino.

Lylo crecía en contraposición a la frustración por los tratamientos que no daban resultados, y al principio sentía que el universo estaba compensando mi deseo trunco. «Pobrecilla, ya que no tiene un bebé, vamos a darle estos espejitos de colores». Sin embargo, la satisfacción que me producían las clases y los encargos empezaba a parecerse a algo más que un premio consuelo. Quedaba exhausta, pero con una sonrisa que no me quitaba nadie.

Con cada taller fui perfeccionando un ritual que todavía me da un placer infinito. Primero, preparar con amor todos los elementos que las alumnas van a necesitar: telas, bastidores, agujas, tijeras pequeñas y un arcoíris de hilos dispuestos a dejarse llevar por sus puntadas. También me dediqué a diseñar un cuadernillo de puntos para mimar aún más a mis alumnas, aplicando mis conocimientos gráficos para que esa reunión tuviera más detalles. Durante el curso, olvidarme de todo lo demás, poner el cuerpo y dejarme llevar yo también. Y al final, en el silencio intenso que se produce luego de que todas las bordadoras se van, ordenar la sala y repasar todos los comentarios, todas las reacciones, los miedos y las expectativas, y seguir descubriendo como el primer día que enseñar es una de mis pasiones.

EN EL AÑO 2013 *Le Cool Barcelona* ME PROPUSO BORDAR DOS
PORTADAS, MI INSPIRACIÓN FUERON LOS LUGARES ICÓNICOS DE
BARCELONA. ELEGÍ EL PALAU GÜELL, PORQUE FUE DE LOS PRIMEROS
LUGARES QUE VISITÉ AL LLEGAR A LA CIUDAD. PARA MÍ SUS
CHIMENEAS TAN GAUDIANAS Y MÁGICAS SON HELADOS.

Y COMO SOY FAN ABSOLUTA DEL HELADO, EN CUALQUIER ESTACIÓN
DEL AÑO DECIDÍ HACER ESTE JUEGO DE FORMAS Y COLORES,
COMBINANDO PUNTOS DE BORDADO PARA INTERPRETARLAS.

OTRA ESCENA QUE BORDÉ PARA *Le Cool Barcelona* FUE
UN PUESTO DE FLORES DE LAS RAMBLAS. PARA ESE ENTONCES
VIVÍA MUY CERCA DE ALLÍ Y ME GUSTABA PASAR Y COMPRAR
RAMOS COLORIDOS EN LOS PUESTOS PARA MI CASA.

Y AUNQUE LAS RAMBLAS SIEMPRE FUERON Y SON UN SITIO
LLENO DE GENTE, YO DISFRUTABA DE TENER ESOS MOMENTOS
DE PAZ VIENDO LOS PUESTOS REPLETOS DE FLORES Y COLORES.

LOUISA
PESEL

El bordado terapéutico

Louisa Pesel nació en Inglaterra en 1870, cuando su país todavía era el centro de Occidente, y desde pequeña encontró su lugar en ese ancho mundo: el bordado. No solo lo practicó, también fue una experta en su historia, sus estilos y sus técnicas, y, con el tiempo, llegó a ser una coleccionista preciosa y a formar nuevas generaciones de bordadoras con las que la labor recuperó el esplendor perdido.

Pesel estudió arte y diseño en el Royal College of Art de Londres, donde se especializó en costura decorativa con el diseñador Lewis Foreman Day, una de las figuras más importantes del movimiento Arts & Crafts. Fue él quien la recomendó para ocupar un puesto en la Real Escuela Helénica de Costura y Encajes, en Atenas, que no era solo un lugar de formación, sino también una empresa comercial para la producción y venta de artículos bordados de alta calidad que contaba con el apoyo oficial de la familia real británica.

Aunque no era común que una mujer soltera viajase sola, Pesel visitó también Turquía, Egipto y la India coleccionando telas y bordados y difundiendo el bordado inglés de siglos anteriores como fuente de inspiración del diseño moderno. Su carácter ex-cepcional no terminó allí. No solo no se casó nunca, sino que, de regreso en Inglaterra, en plena Primera Guerra Mundial, se dedicó a otra tarea fuera de lo común: enseñar a bordar a soldados traumatizados que habían regresado del frente. ¡Estaba convencida del poder terapéutico de los trabajos manuales! Hoy diríamos que fue la precursora de la laborterapia.

Al terminar la guerra, Louisa Pesel se convirtió en la primera presidenta del Gremio de Bordadoras del país y emprendió un ambicioso proyecto de bordado para la catedral de Winchester con un equipo de cientos de voluntarias que ella misma formó: 360 reclinatorios, 62 cojines para el patio de butacas y 96 bolsas para limosnas, entre otros objetos que forman parte de la colección. Dentro de los límites de aquel encargo, las bordadoras tenían margen para aplicar sus gustos individuales en la elección de los hilos, las puntadas y la composición de colores. Ese detalle era fundamental en el método de enseñanza de Pesel: ser creativas, desarrollar la originalidad. El proyecto tuvo tanto éxito que ese patrón de bordado se hizo conocido como «estilo Winchester», aunque, para hacer justicia, podría haber pasado a la historia como el «estilo Pesel».

Dar clases renovó mis energías, pero no me hizo olvidar la idea de ser madre. A pesar del cansancio y el dolor que sentíamos, decidimos renovar nuestra ilusión, otra vez, y nos zambullimos en las turbulentas aguas de la ovodonación. Se suponía que allí no había espacio para el fracaso. Sin mis óvulos *traslocados*, nada podía fallar.

Pero esa promesa implicaba una renuncia. Fue entonces cuando escuché por primera vez cómo se llamaba la nueva tristeza que iba a tener que atravesar: el duelo genético, la reacción emocional al tomar conciencia de que esa hija o ese hijo no iba a tener mis genes.

En la entrevista para seleccionar a la donante solo me preguntaron mi estatura y mi color de ojos. Nada sobre mi sentido del humor, si se me daban bien las manualidades, cuáles eran mis colores favoritos ni si sabía hacer la trenza cosida. Y yo tampoco pregunté mucho sobre aquella mujer joven y anónima que iba a pincharse la barriga con una aguja igual a la que había usado yo sin éxito para vender sus óvulos (¡porque

en esto de *donación* no había nada!) y así pagarse los estudios o ayudar a su familia. ¡¿Cómo es que me costaba tanto aceptar que mi cuerpo no podía?! Si algo aprendí es que no volvería a hacerlo por nada del mundo.

Una mañana, en medio de ese proceso, me levanté furiosa y triste. Había soñado que iba por la calle con un bebé y una señora se acercaba a decirme cuánto se parecía a mí. Mi respuesta era un grito sordo con el que me desperté: «¡Eso es imposible! ¡No puede parecerse a mí porque no tiene mis genes, nos han donado los óvulos!». Mi inconsciente no descansaba.

Hicimos dos tratamientos con óvulos donados que no prosperaron. Mi cuerpo seguía fallando. Los embriones no se quedaban conmigo. Nos planteamos muchas veces terminar con todo y ceder a la fantasía de la adopción, pero ya habíamos invertido tanto —tiempo, dinero, energía, mi cuerpo, mi mente— que no teníamos resto para empezar otra vez y encarar un proceso de adopción. Simplemente no podíamos más.

En medio de los tratamientos empezamos a hacer viajes cortos. Primero, cerca, por Cataluña y Europa; después me animé a Marrakech, viajamos con mi amiga Agustina a Japón, ¡y finalmente con Ariel a Bali! Decidí buscar en cada una de esas escapadas objetos e imágenes que estuviesen relacionados con el bordado. Iba a los mercados de pulgas, empecé a coleccionar hilos antiguos, tomaba fotos de tapetes y mosaicos, revisaba costureros, hacía visitas a artesanos locales. Todo era material valioso para bordar a mi regreso a Barcelona.

Empecé a coleccionar libros de patrones antiguos, de punto de cruz y bordado tradicional, que me trasladaban a otras épocas, aunque yo los interpretaba con mi propia visión del bordado. Desde entonces, los busco sin pausa en los mercadillos. Aunque no estén a simple vista, sé que desde algún lugar escondido esperan que los descubra.

Todo eso —los paisajes naturales, los monumentos históricos, las diferentes culturas, las personas desconocidas, los objetos ocultos— estaba ahí para mí. Esa libertad me permitía darme cuenta de todo lo que tenía. No era el bebé que buscaba desde hacía años, pero esas vivencias únicas iban haciéndome sentir más a gusto conmigo misma.

Un verano, en una de las tantas esperas después de un tratamiento, en esos días enloquecedores en los que hay que estar prácticamente inmóvil hasta saber si hay o no embarazo, decidimos pasar un fin de semana en La Garriga. Queríamos alejarnos del calor de Barcelona y aprovechamos para ver los mosaicos modernistas. Allí inauguré una serie de fotos de espaldas con mi sombrero canotier y mis trenzas como protagonistas, dos de mis imágenes favoritas para bordar (¡el sombrero con puntada rosetón y telar!), que todavía tengo en un bastidor en mi pared.

EN LA GARRIGA, OBSERVANDO MOSAICOS MODERNISTAS Y EN LA ESPERA DE UN TRATAMIENTO DE FECUNDACIÓN IN VITRO.

Pero el viaje determinante fue Marrakech. Llegué como conejillo de Indias del primero de los «Talleres Nómadas» de Duduá, que consistía en visitar una ciudad en otro país y tener una experiencia directa con tejedoras y bordadoras del lugar. Recuerdo entrar en una tienda artesanal de alfombras de mil colores y diseños y que los ojos se me llenaran de texturas. «Quiero una foto aquí, quiero bordar este recuerdo, quiero que esto sea para siempre».

De a poco empecé a desarrollar un método para bordar. No, algo mejor: un ritual. Tomo fotos a todo lo que me llama la atención, hago un collage y luego un diagrama en el que imagino el color de fondo y los de relleno. Antes de empezar a bordar hago un boceto: aunque todo cambie sobre la marcha, siempre parto de una idea y un diseño en mi ordenador. Crear o diseñar patrones desde cero consiste en pensar una serie de imágenes, hacer una composición con ellas, pensar qué colores, qué puntadas representan mejor cada objeto o textura.

Recién entonces elijo los hilos, generalmente de color brillante y vibrante. Me encanta pensar qué hilos usar y cuántas hebras en cada caso: ¡las posibilidades se multiplican! Y prefiero las telas que no tienen elasticidad: lino, algodón, un retal de una sábana, un mantel o una blusa que ya no uso…

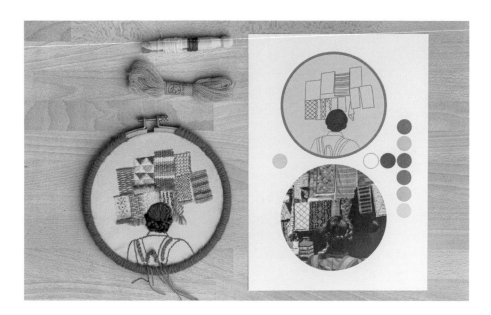

Entonces llega mi momento preferido. Acaricio el hilo, lo mido y lo corto. Coloco la aguja de forma vertical para ver el ojo por donde enhebrar el hilo: hay que tener buena vista (¡o buenas gafas!) para pasarlo a través de ese orificio minúsculo. Para que esté bien compacto, lo chupo. Sí. ¡Sacrilegio! Pero es la mejor estrategia. Lo tomo por el otro lado y lo paso unos centímetros si uso hilo simple, y al final de la hebra más larga hago un nudo. La textura del hilo al enhebrar la aguja primero, y después al pasar los dedos para anudarlo, parece trazar un movimiento coreográfico.

Con las yemas de los dedos palpo la tela por detrás del lugar donde voy a pinchar. Desde atrás hacia delante. Pincho, deslizo el hilo, paso la aguja y tiro hasta notar que el nudo hace tope con el tejido. Mis ojos se adelantan para ubicar el punto exacto en el que la punta metálica volverá a atravesar la tela, esta vez desde arriba hacia abajo.

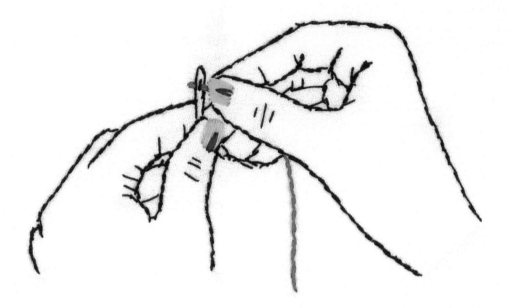

La tela se desgarra y se va llenando. Con el sonido de la aguja atravesando la tela, el tiempo se detiene. Todo ocurre a cámara lenta. La punta de la aguja pincha la tela otra vez, y otra, la atraviesa haciendo que el hilo se cuele entre las fibras y genere una fricción. Se me hace agua la boca de solo pensar en ese sonido textil. Es adictivo. Quiero más.

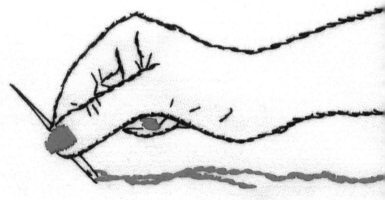

De vez en cuando, alejo la tela para poder ver el conjunto, como si al hacerlo pudiese descifrar la sensación de satisfacción que me provoca. ¿Cuántos minutos pasaron desde que tomé la aguja y empecé a crear algo que ni yo sabía que podía existir?

INVENTARIO DE UN COSTURERO

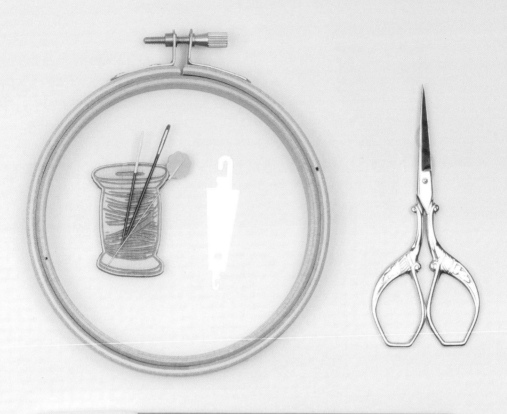

INVENTARIO DE MIS INTENTOS DE SER MADRE:

- *3 abortos espontáneos (2 con legrados)*
- *1 embarazo ectópico*
- *1 trompa derecha extirpada*
- *3 tratamientos fallidos de fecundación in vitro*
- *3 tratamientos fallidos con ovodonación*

Después del viaje a Bali di un salto adelante en mis bordados. Con la técnica *stumpwork*, que es ideal para representar la naturaleza, bordé la imagen tridimensional de los corales y de una planta gigante a la que le había tomado fotos. Con esa técnica también reproduje después mi visita a una exhibición de las flores gigantes del artista Petrit Halilaj en el Palacio de Cristal de Madrid. Era una forma de recrear la sensación única que tuve en esos momentos: nunca nada me había hecho sentir a la vez tan pequeña y tan conectada con lo que me rodeaba.

"LA INCURSORA"
NUSA PENIDA . BALI . FEB . 2019.

"A UN CUERVO Y LOS HURACANES QUE, DESDE LUGARES DESCONOCIDOS, TRAEN DE VUELTA OLORES DE HUMANOS ENAMORADOS"

PALACIO DE CRISTAL. MADRID. SEPT. 2020. Petrit Halilaj. ♥

Son recuerdos que quedaron en mi memoria para siempre, tan potentes que puedo olerlos y tocarlos como si volviese a estar allí. Mis agujas e hilos no son una máquina del tiempo, pero tienen ese efecto: cuando miro mis bordados vuelvo a estar por un rato en la selva de Bali y en Nusa Penida, una isla pequeña al sur. Entonces vuelvo a recorrerla en moto, veo a lo lejos unas mujeres trabajando en un telar y me acerco a hablar con ellas, otra vez. El telar con el que tejían se llama *rang-rang*, que significa literalmente «agujeros» porque crea un patrón perforado y un tejido ligero. Tengo uno de esos tejidos en casa y basta tocarlo para estar de regreso en la isla.

Lo que viví en esos viajes y las mujeres con las que compartimos técnicas y trucos aun sin hablar el mismo idioma terminó de abrirme los ojos. El bordado no era un pasatiempo: era mi nueva forma de relacionarme con el mundo. La aguja me atravesaba en la tela y en la vida.

DURANTE UNA VISITA CON LOS
TALLERES NÓMADAS EN LA CASA
DE ALFOMBRAS. JUNTO A KADISHA
EN UNA TERRAZA HACIENDO
GANCHILLO.
MARRAKECH 2015

Mi hermana Débora, diez años menor que yo, se instaló en Barcelona esa temporada. Fue un alivio que la familia se ampliara y que alguien tan querido nos acompañara en ese momento. Llevábamos solos muchos años y muchos tratamientos, era lógico que nuestras fuerzas estuviesen menguando y que la llegada de alguien más fuese una renovación.

Y entonces, unos meses más tarde, ¡quedé embarazada de forma natural! No creía en los milagros, pero esa vez estaba dispuesta a hacerlo. En una visita al médico a la que ella me acompañó, ¡oímos los latidos! Fueron los únicos, porque cuando volvimos dos semanas después con Ariel ya no había más latidos. Regresen a la casilla de salida. Sigan participando.

Mi último intento con la donación de óvulos fue en 2016 y, después de un test negativo, todo se nos fue de control. A esas alturas, nuestra pareja pendía de un hilo y yo estaba ciega. No me importaba someterme a nuevos tratamientos. No me importaba hipotecarme. No me importaba nada. Mi dolor no tenía fondo. Estaba decepcionada, desesperada, furiosa, desorientada. ¿Más inyecciones? ¿Más hormonas? ¿Más dinero? ¿Más intentos? ¿Una máquina del tiempo para volver a ser joven? ¿Una varita mágica? Buscaba recetas milagrosas en las revistas y especulaba sin ningún pudor y con absoluta dedicación la edad de cada actriz madura que anunciaba su embarazo, sobre todo si se trataba de gemelos. Mi obsesión era feroz y descontrolada. Decidimos seguir pagando la cuota anual de criopreservación de nuestros embriones, pero acordamos poner en pausa los tratamientos. Recuerdo que dije que sí, pero mi cabeza no dejaba de hacer cálculos imposibles. El mundo seguía girando, los años seguían pasando, y yo seguía aferrada a lo mismo.

Podemos seguir intentando de forma natural, nos dijimos, y aunque la posibilidad era remota, me ilusionaba. «Esas cosas pasan». Cuántos casos había de amigas de la prima de la vecina de la hermana de una conocida del trabajo que pese a todos los pronósticos quedaron embarazadas porque dejaron de pensar en eso y *se relajaron*. La fórmula es re-la-jar-me, me decía para mis adentros. Hay un nombre para eso, porque no fui la primera ni la última en caer en la trampa: pensamiento mágico.

Y entonces, en plena tregua de tratamientos, mi hermana quedó embarazada. ¡Bomba! Mi hermana menor. La hermana que había venido a Barcelona para acompañarme. La hermana que había estado a mi lado cuando escuché los latidos. Bombazo, otro.

Sentí toda la envidia del mundo. Y ella sintió toda la culpa del mundo. Pero ella iba a ser madre y yo, tía, y con nuestra propia madre al otro lado del océano no podíamos dejar que esos sentimientos espantosos nos ganasen la partida. Era una noticia feliz, muy feliz, y las dos hicimos un esfuerzo por estar a la altura de esa futura niña a la que hoy le sale una nueva peca sobre la nariz cada mes, a la que le gusta que le trence el cabello y enloquece con los mismos sabores de helado que yo. ¡Chocolate y mandarina, qué otros!

Mientras mis sueños de madre se desvanecían, mi realidad como bordadora florecía. Ese mismo año me convocaron de Domestika para hacer el primer curso de bordado de la sección *craft* de la plataforma. Y así empecé a dar clases online desde mi pequeño piso del Raval con Maga como asistente.

Era tan tranquila que muchas veces se dormía durante la grabación de los vídeos como si quisiera hacer todo el silencio posible. Pero cuando filmamos el tráiler, apareció en cámara y me pareció que eso lo volvía perfecto. Ese era el universo que yo quería compartir en el curso: uno formado por mis bordados y mis animales.

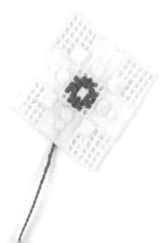

Las clases empezaron a ocupar cada vez más espacio. Cada año sumaba un nuevo curso hasta llegar a cuatro, pero no era muy consciente del modo en el que la experiencia tan íntima y personal del bordado (¡mi salvavidas!) se estaba convirtiendo en una experiencia grupal a la que otras mujeres aportaban sus propias expectativas y también sus deseos y sus dolores. Con todas ellas, puntada a puntada, fui abriendo mi camino como bordadora. Sin saberlo, estábamos tejiendo una trama común hecha de hilos y texturas, de historias y de formas de estar en el mundo.

En aquellos años empecé a participar en marchas y actos feministas. No era casualidad. Bordar es compañía, es reparación, es intimidad y calma, y es también un grito hacia el exterior desde las profundidades de nuestro mundo más interior. De la vorágine diaria al tiempo que se detiene. Del universo tecnológico y de las pantallas a una vivencia artesanal y compartida.

En el bordado se genera una unión entre mujeres que trasciende el tiempo, las edades y las profesiones. Durante siglos nos han enseñado a desconfiar de otras mujeres, a competir, a recelar unas de otras, pero todo eso se diluye en un grupo de bordado. Así como el tiempo parece congelarse, también lo hacen los miedos y los mandatos. Como dice Guillermina Baiguera en su proyecto de bordado colectivo «El tiempo suspendido»: «Es el lugar donde nos contamos otras historias y el hilo es el puente».

Después de décadas de avances tecnológicos que han convertido los objetos y los diseños en reproducibles al infinito, crear con las manos se ha vuelto un acto radical. Bordar nos permite ser únicas, auténticas y personales y, a la vez, conectarnos con las mismas técnicas que han tejido, desde tiempos inmemoriales, la historia de la mujer. Bordar hoy nos da una voz propia. Bordando formamos una comunidad.

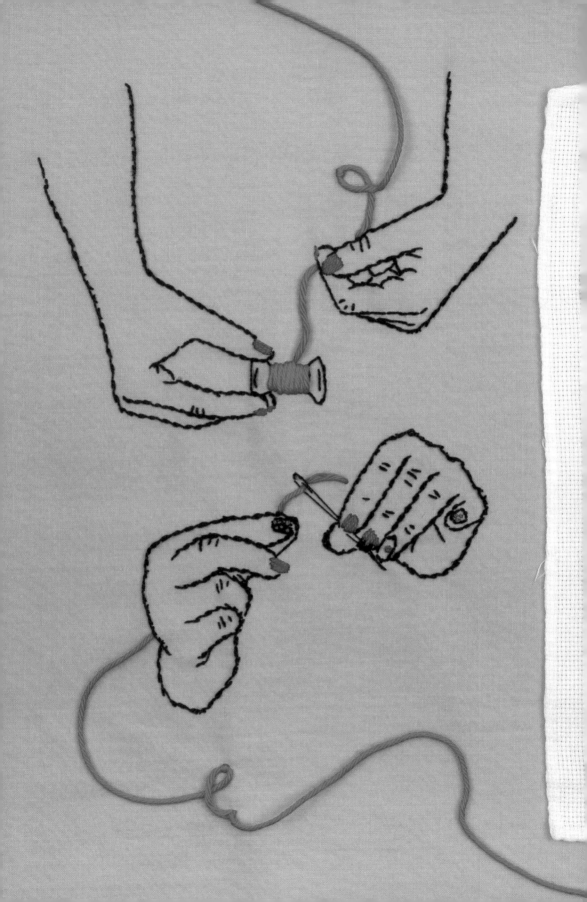

¿Quién hubiese dicho que, en el transcurso de un siglo, el bordado pasaría de ser una labor doméstica a una herramienta de protesta? El pañuelo sufragista fue la primera expresión política del bordado. La pieza contiene 66 firmas bordadas: son los nombres de las mujeres que participaron en las manifestaciones de marzo de 1912 en el Reino Unido para reclamar el sufragio femenino y fueron encarceladas. En aquella época, todas las mujeres, incluso las que no sabían leer y escribir, sabían coser y bordar. Esa experiencia común les permitió usar una misma lengua para reclamar un derecho que cambiaría la historia, nuestra historia.Ese eco llegó a la segunda ola del feminismo en los años setenta. Un ejemplo maravilloso es la obra de la artista Judy Chicago, *The Dinner Party*, que convierte la icónica última cena en un encuentro y una celebración feminista: una mesa cubierta con manteles bordados y servida para 39 mujeres célebres. En el ámbito político, el *craftivism* dio a luz iniciativas como «Bordamos feminicidios» en México —mujeres que bordan en pañuelos la historia y el nombre de mujeres víctimas de la violencia machista— o los pañuelos blancos de las Madres de Plaza de Mayo en Argentina, que llevan bordada la frase «Aparición con vida de los desaparecidos» en punto de cruz e hilo azul, un símbolo de la memoria de los crímenes cometidos por la dictadura militar.

Entonces llegó el momento de dejar el piso de Junta de Comercio en el que yo había dado el paso inevitable de la juventud a la adultez y en el que descubrí que las cosas no siempre salían como quería. En el que me reí a carcajadas con amigos y lloré a mares abrazada a Maga. La idea de no vivir más allí era muy dolorosa, pero también era un aire de cambio: había vivido dieciséis años en ese lugar, once de ellos intentando sin éxito ser madre. Pero ya no hacíamos más tratamientos y Maga había muerto un año antes.

Por aquellos días también decidí que era el momento de dejar atrás el estudio de diseño que montamos con mi amiga, para lanzarme a saltar en paracaídas y dedicarme solo al bordado. Fue difícil, pero confié en mi intuición, que decía que, a partir de ese cambio de casa, me zambulliría en una nueva etapa de mi vida reinventándome. Así el bordado pasó a ser mi trabajo de día y de noche.

Después de una búsqueda que por momentos pareció interminable e imposible, encontramos un piso antiguo en el Poble Sec que también tenía suelos hidráulicos y que no dudé en festejar bordando una muestra con una nueva técnica en relieve que había aprendido, *punch needle*, con esa aguja mágica que perfora el género y produce una pequeña vuelta en el hilo como si fuese un bucle.

Recuerdo que le dije a mi hermana: «Ahora hay que llenar estos ambientes de nuevos recuerdos». La primera noche que pasamos en esa casa en blanco, como un lienzo a estrenar, colgué en la pared junto a mi cama aquella foto que había encontrado en la cajonera antes de mudarnos, me miré a mí misma de bebé, con la muñeca en brazos y los ojos sonrientes, le sonreí y me fui a dormir con una calma que no había sentido en años.

Es muy difícil convivir con el dolor de una persona querida sin intentar sacarla de allí y estando a su lado sin hacer nada. Ariel y mi círculo íntimo de familiares y amigos lo intentaron siempre, pero fue costoso. Mi hermana menor a la distancia, con mails y llamadas largas por

teléfono de línea y luego cuando se quedó a vivir en Barcelona. Mi madre y mi padre, muchas veces sin saber qué decirme, pero sin dejar de hacerme sentir su amor incondicional. Mis amigas de Barcelona, esa red que construí de a poco cuando emigré. Y las de Buenos Aires, que siempre estuvieron atentas a mis procesos y que siguen a mi lado (casi todas), a pesar de las temporadas de alejamiento en las que no podía compartir mi vida con ellas. Las distancias físicas no ayudan, pero muchas se las ingeniaron para transmitirme de mil formas que pensaban en mí. Y algunas quedaron en el camino. Es doloroso pero normal, esas cosas también pasan.

Sé que fue difícil acompañarme: si yo no me reconocía a mí misma, ¿cómo iban a hacerlo todos ellos que me habían conocido siendo diferente y extrañaban la imagen luminosa?

Con los años, empecé a animarme a salir del silencio y a contar en público mi experiencia con la (no) maternidad. Me cuesta creer en la casualidad cuando pienso que fue en esa época cuando la fotógrafa y artista Montse Mármol me invitó a participar en la exhibición «Sexo y familia», una serie de fotos de desnudos de mujeres que habían sido madres. Era una mirada muy particular a la sexualidad en ese proceso de transformación y era un tema que yo sentía en carne viva.

Siempre busco qué bordar con mucha atención. Quiero que esa pieza tenga un sentido, que haya algo mío allí, y cuando Montse me contó su idea, había mucho más que *algo* mío. Me sentía totalmente interpelada: su idea era bordar una sábana con doce frases que reflejaran los temores que atraviesan a las mujeres luego de ser madres. Y aunque yo no había pasado por eso, me tocó la fibra. Lloré a mares mientras decidía la tipografía, calculaba el tamaño y bordaba cada frase, pero cuando terminé, me sentí liberada.

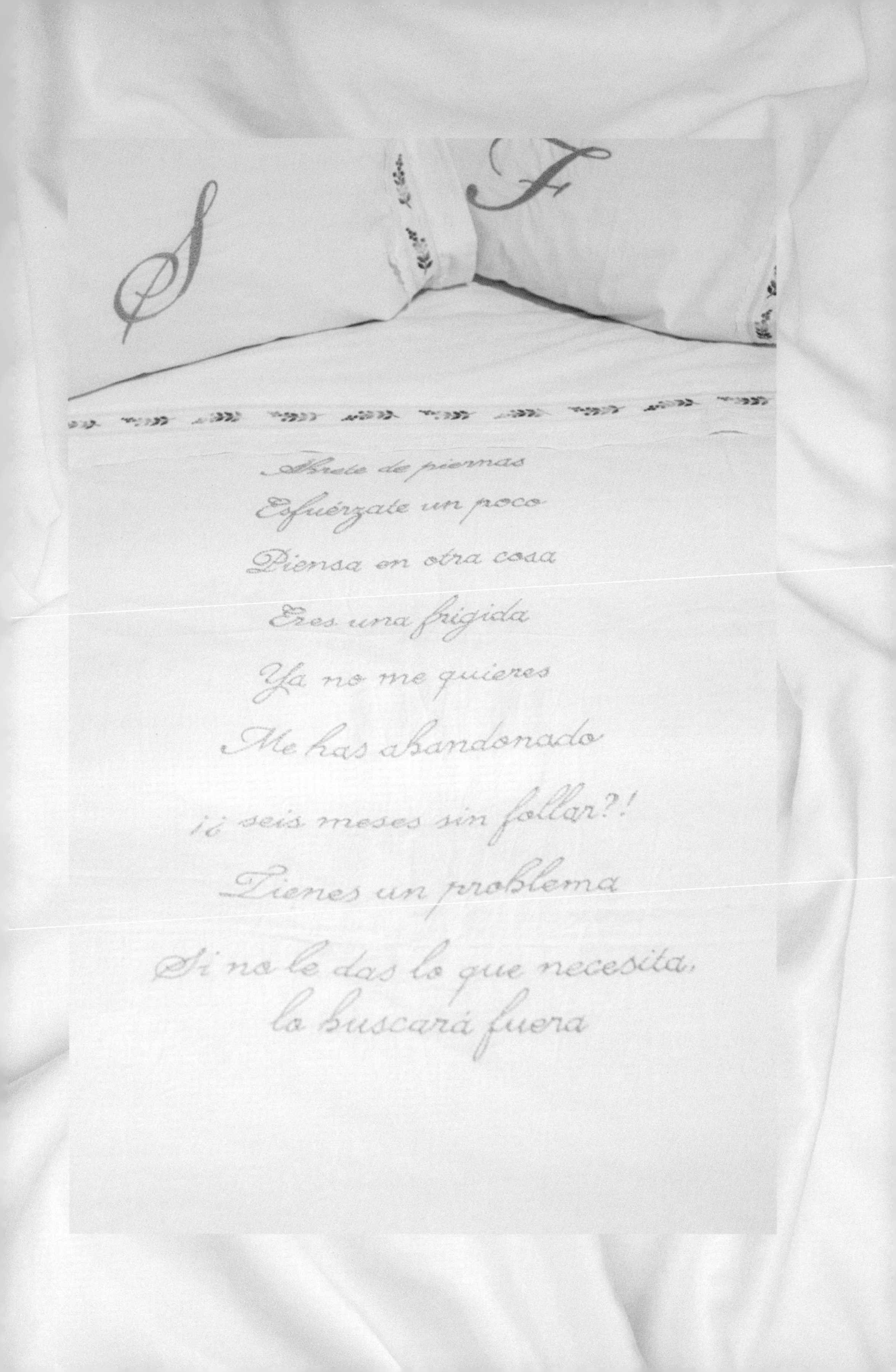

Ábrete de piernas

Esfuérzate un poco

Piensa en otra cosa

Eres una frígida

Ya no me quieres

Me has abandonado

¿¡ó seis meses sin follar?!

Tienes un problema

Si no le das lo que necesita,
la buscará fuera

En plena pandemia, cuando nuestra nueva casa ya estaba habitada por nuevos recuerdos, tuvimos que tomar otra decisión vital al recibir un llamado de la clínica de fertilidad: había que decidir si queríamos renovar la criopreservación de embriones. ¡Habían pasado trece años desde el primer embarazo! ¿Cuánto tiempo más íbamos a seguir aferrados a ese dolor?

En un acto cargado de simbolismo y de realismo, firmamos los papeles con los que decidimos donar los embriones a la ciencia y dejamos ir oficialmente el proyecto de ser madre y padre. Esa etapa de nuestra vida había terminado.

Y entonces la familia se amplió con la llegada inesperada de Lolo, un perrito que adoptamos en cuanto supimos que una familia amiga no podía tenerlo más: un joven entusiasta siempre listo para jugar y dar amor y agotar con su exceso de energía a Jagger del mismo modo que Jagger había agotado a Maga.

Sin buscarlo, volvíamos a ser una familia de cuatro.

El bordado reparador

Un día, mientras revolvía en las profundidades de su armario, Louise Bourgeois encontró una serie de prendas antiguas de la década de los veinte que había guardado después de usarlas durante mucho tiempo. Le trajeron tantos recuerdos de su vida, y sobre todo de su infancia, que decidió incorporarlas en sus obras de arte: a partir de los años noventa, los tejidos, los bordados y las telas se convirtieron en el centro de su trabajo. «La ropa es un ejercicio de memoria. Me hace explorar el pasado..., cómo me sentía cuando llevaba eso», escribió luego en *Oda al olvido*, su famoso libro de memorias textiles. Esa filosofía recorrió su arte hasta sus últimos días: recuperar el pasado para reparar el presente.

Bourgeois fue una de las artistas más importantes del siglo. Se hizo conocida en todo el mundo con su obra «Maman», una inmensa araña de bronce y acero de diez metros de altura. Las arañas, su marca registrada, eran nada menos que un homenaje a su madre y al oficio de tejedora, una actividad de la que había vivido su familia y en la que creció Louise. «Vengo de una familia de reparadores, y la araña es una reparadora. Si rompes su telaraña, no se altera. Teje y la repara», dijo una vez.

Esa referencia al trabajo familiar de reparación no era solo una expresión: Louise Bourgeois nació en una familia de restauradores de tapicería en el centro de París y a los doce años trabajaba en el negocio de sus padres. El piso donde vivían estaba situado encima de la galería donde trabajaban, de modo que todos vivían y respiraban el oficio a diario. De pequeña, Louise observaba sobre todo a su madre y su ojo para el detalle y la precisión mientras reparaba a mano minuciosamente las roturas de los tapices. De allí proviene el mantra de la artista siendo adulta: «Hago, deshago, rehago».

Esa conexión con el mundo textil la acompañó durante toda su vida, pero la exploración del tiempo y la memoria a través de tapices, ropa y telas propias se volvió más relevante y explícita en sus últimas obras, como un modo de reflejar sus propias experiencias con la maternidad, el parto y las relaciones afectivas. De ese modo los objetos que alguna vez habían sido significativos para ella volvían a cobrar vida, de otra forma, en su arte.

Creo que por eso siento un deseo especial de bordar sobre telas que tienen historia: he bordado sobre el vestido favorito de mi abuela, sobre la manga de camisa que mi madre usó para mi comunión, sobre la cortina de mi casa del Raval…, siempre tengo retales de telas importantes para poder intervenirlas y darle un sentido personal a esa pieza.

«Siempre he temido ser separada y abandonada. Coser es mi intento de mantener las cosas cohesionadas y completas», explicó Bourgeois. En pocas palabras, asociaba la aguja con la reparación, y yo no podría estar más de acuerdo.

EN EL VESTIDO PREFERIDO DE MI ABUELA FINA BORDÉ LA DIRECCIÓN DONDE VIVIÓ. AL MEJOR ESTILO BOURGEOIS, YO TAMBIÉN REPARO Y BORDO SOBRE PRENDAS QUE ALGUNA VEZ FUERON HABITADAS.

Al final, la maternidad no llegó a mi vida. Esa historia no terminó con el final feliz que esperaba, ese final feliz que, se supone, siempre llega. Pero en el medio se abrió camino otra historia impensada, la del bordado, y aquí, el final todavía está abierto.

Porque la vida tiene más vueltas que un punto nudo. Tenemos la idea de que, con esfuerzo y con muchos intentos, las cosas al final suceden como queremos. Pero no siempre es así, y es doloroso el proceso de desencanto con la realidad. Quizá por eso existe el punto atrás, ese que se usa para unir, dar continuidad a las puntadas y crear figuras. Estoy convencida de que, en la vida, el punto atrás es el que le da sentido a casi todo lo que nos pasa: es el que une las vivencias, los dolores y los errores, los incorpora a la trama y nos obliga a dar puntadas hacia delante, a seguir bordando.

Kintsugi es el arte japonés de reparar la cerámica rota con una mezcla de resina y oro, plata o platino en polvo. Detrás de esa técnica hay una idea filosófica: las roturas y las reparaciones forman parte de la historia de un objeto y mostrarlas, en lugar de ocultarlas, lo embellece al poner de manifiesto su transformación y su historia. En vez de disimular las cicatrices, exhibirlas. Así, esa pieza se vuelve única: rota y nueva, irrepetible, irreemplazable.

Entre las bordadoras hay dos bandos: hacer nudo, ¿sí o no? Las bordadoras de generaciones anteriores no ven con buenos ojos hacer un nudo en el hilo al comienzo y al final. Pero a mí me encanta cómo queda el revés del bordado con todos los nudos y las hebras cruzadas. Son como un mapa que cuenta la historia de esa pieza bordada.

Muchas bordadoras, en cambio, rechazan la imperfección. Si algo no queda perfecto, deshacen y vuelven a bordar hasta que queda impecable por delante y por detrás. A mí no me gusta, no me siento cómoda deshaciendo. Me gustan los nudos y me gusta el error. A veces creo que eso es parte de mi proceso de entender hacia dónde quieren ir mis hilos.

Bordando aprendí que si algo no sale como quiero, no hace falta deshacer ni volver a empezar: todo se puede enmendar. Reparo, construyo sobre lo que salió mal y sigo adelante.

Enmendar. Conjug. c. *acertar.*

1. tr. Arreglar, quitar defectos. U. t. c. prnl.
2. tr. Resarcir, subsanar los daños.
3. tr. Mar. Variar el rumbo según las necesidades.

En la reconciliación con los errores y los fracasos y las decepciones, encontré lugar para la esperanza. No pude ser madre, pero descubrí una pasión y sigo adelante. El bordado me enmendó, me ayudó a unir las partes de mí que estaban rotas y a incorporar esas marcas a mi vida, a dejar que las cicatrices también sean una parte de mi trama.

Bordar.
Reparar
Sentir. C

anar.

e. Crear.

ompartir.

Tengo las manos de mamá. A medida que crezco, las venas se notan más y empiezan a perderse entre las arrugas. Pero sigo teniendo dedos curiosos y las uñas con diseños y pintadas de mil colores. Mis manos han vivido todo conmigo. Bordando en compañía de otras mujeres, en silencio, escuchando música a todo volumen y cantando, escuchando podcasts, mirando series de televisión. A la luz de una lámpara o junto a un árbol. En la mecedora, en el sofá o en la cama. Sobre el césped, debajo de una palmera, con los pies en el agua. Sentada en el suelo o cubierta por arena. Con migas en medio de un pícnic. Usando gafas de sol, gafas de ver y sin ellas. En bañador y con gorro. Rodeada de corales y con frangipanis en mis trenzas. Sobre una roca y con el sonido del mar de fondo. En un tren viajando por Japón o recorriendo Francia en coche. En un barco. En mi balcón de Avellaneda con el atardecer de fondo. Con vistas a un lago o frente a mi ventana. En la noche cerrada y bajo una lámpara de escritorio. Al aire libre. En un jardín, en mi balcón del Raval, en una hamaca. Con lanas, hilos metalizados, algodones suntuosos o hilos de mala calidad. Con hilos de coser, perlé, retors y mouliné. Con hilos antiguos, regalados, comprados en mercerías que están por cerrar, con envoltorios bellísimos o heredados del familiar de una alumna. Bajo la llovizna mientras las yemas de mis dedos y la tela se mojan. Sobre telas de distintas texturas y colores. Con Maga a mis pies, mirándome. Con Jagger recostado sobre el brazo de la mano que sostiene la aguja, olfateando los hilos y enredándolos con sus uñas. Con Lolo jugando con las hebras sueltas o con la tela que se mueve. Frente a una cámara, rodeada de gente que quiero y de desconocidos, enseñando a futuras bordadoras curiosas. Me pregunto a veces a dónde irán todos los bordados que con tanto amor y dedicación voy acumulando año tras año. La pared de mi estudio está cubierta hasta el techo con mis bastidores. ¿Qué será de ellos? ¿En qué manos terminarán cuando yo no esté?

Pienso en la novela *Punto de cruz*, en la que Jazmina Barrera narra las historias que se abren con la inesperada muerte de una joven cuando dos amigas rescatan el bordado de esa tercera que ya no está y deciden turnarse para terminarlo. El hilo sigue, se retoma, cambia de manos, no muere. Se puede enhebrar otro color, cambiar la puntada, bordar sobre lo que está bordado, rematarlo, dejarlo abierto a nuevas puntadas.

Como buena buscadora de tesoros que soy, el destino ideal de mis bordados sería que alguien los encuentre un día revolviendo en el mercado de Els Encants en Barcelona. Sería un final feliz. El hilo que cambia de manos. La continuidad de mi existencia.

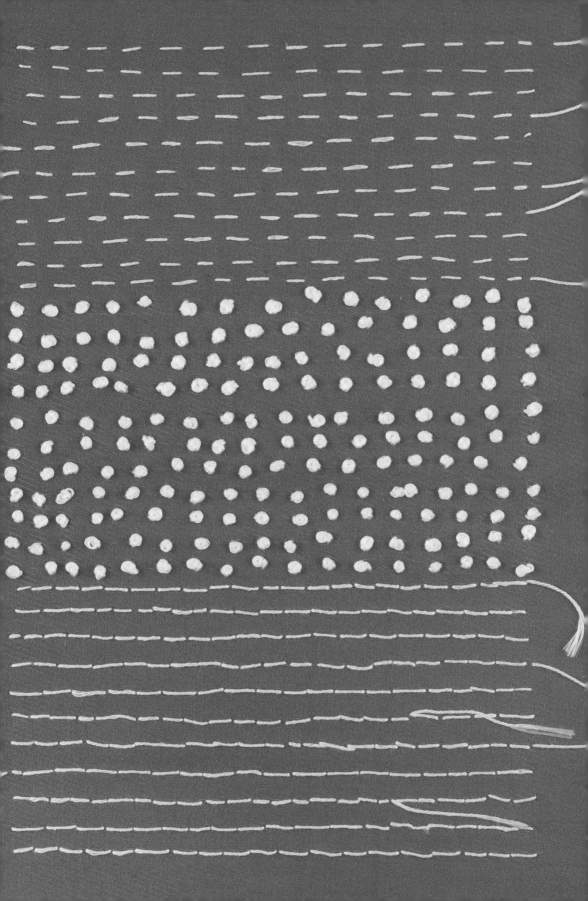

CIERRE
El último nudo

REMATAR

Con la aguja enhebrada,
la deslizamos por la puntada
más cercana o por la mitad de
un trocito de tela, luego
introducimos la aguja por el bucle
o agujerito que deja el hilo y tiramos.
Tiramos. De este modo se cierra esa
parte del bordado y nos
aseguramos de que no se
deshilachará. También se
puede avanzar sobre otras
puntadas para cerrar el hilo.
Es conveniente repetir el
proceso dos veces para
asegurarse de que queda bien
fijado. Cortar al ras el hilo.
Enhebrar la aguja y retomar
el bordado.

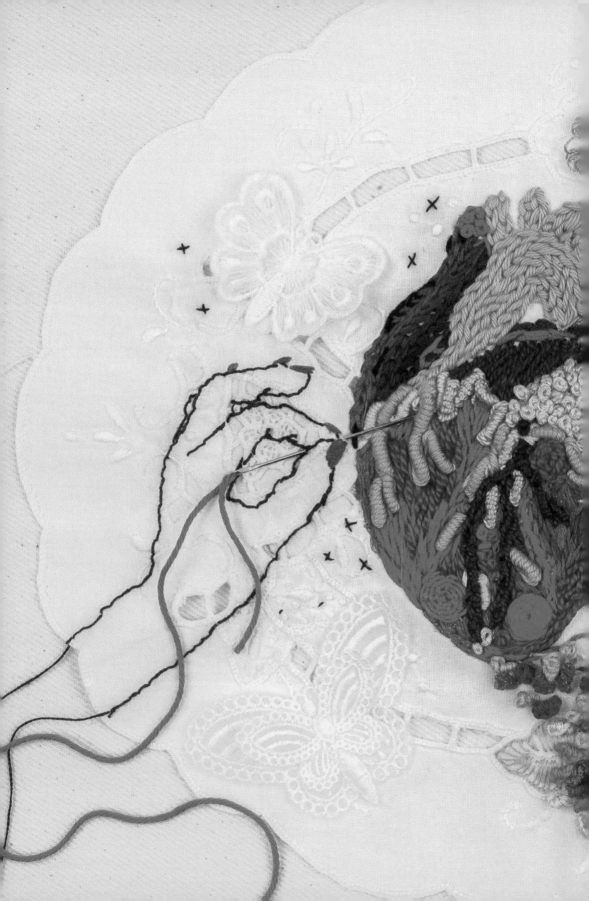

BORDAR
ME
HACE
FELIZ

SRTA. LYLO

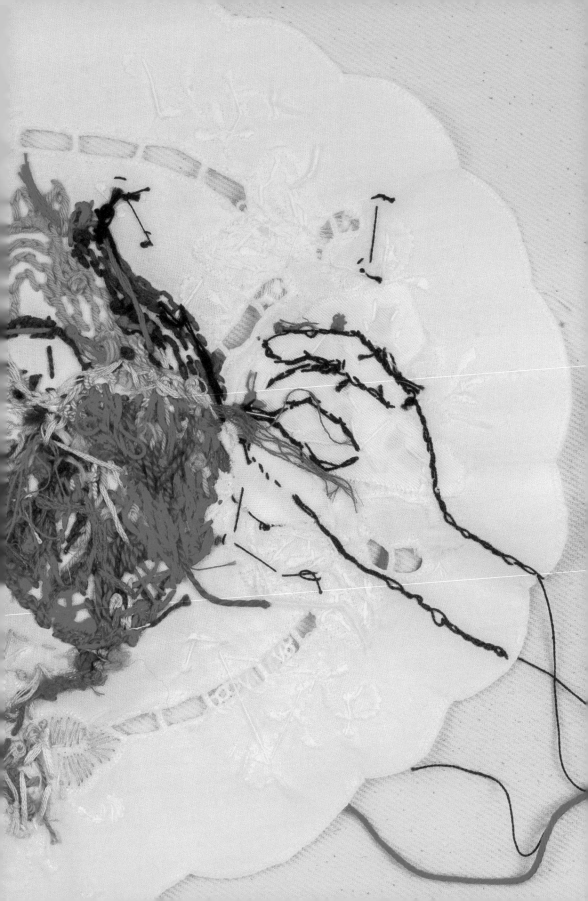

Para contar esta (mi) historia he creado nuevos diseños y nuevos bordados. Aquí te comparto algunos patrones por si también quieres bordarlos y sumarlos a tu propia colección.

CÓDIGO DE COLORES:

666 Perlé n.º8	796 Perlé n.º8	3843 Perlé n.º8	919 Perlé n.º8	444 Perlé n.º8	BLANC Perlé n.º8	Color de tela

PATRÓN «BORDAR ES MI REFUGIO»

Punto festón
exterior flores

Punto cadeneta
ramas y hojas

Punto pistilo
*parte central de
las flores*

Punto plano
letras «Bordar»

Punto matiz
letras «es mi»

Punto cadeneta
letras «Refugio»

Punto tallo
*sombra de todas
las letras*

Punto nudo
*en los círculos
e interior de flores*

PUNTOS UTILIZADOS:

- Punto tallo
- Punto plano
- Punto cadeneta
- Punto matiz

- Punto festón
- Punto nudo
- Punto pistilo

Calca este diagrama sobre
una tela «no elástica».
Este bordado lo encuentras
en la página 74.

CÓDIGO DE COLORES:

2959	**208**	**Negro**		Color de
Retors	Perlé	Mouliné		tela
	n.º8			

Punto recto
rayos

Punto cadeneta
Letras

Punto rosetón
círculo sombrero
+ Punto telar
base sombrero

Punto pluma
Arbolitos

Punto tallo
cinta de sombrero

Punto hilván con sobrehilado
Círulo punteado

PUNTOS UTILIZADOS:

- Punto hilván sobrehilado
- Punto recto
- Punto tallo
- Punto cadeneta
- Punto pluma
- Punto rosetón
- Punto telar

Colocar cabello:
1. Decide qué largo quieres darle a la cabellera y corta las hebras.
2. Haz un nudo (como cuando bordas) y enhebra la hebra.
3. Pincha de abajo arriba de la tela en la línea de la base del sombrero.
4. Desenhebra la aguja.
5. Enhebra de nuevo otra hebra, haz nudo y pincha al lado de la hebra anterior.

Este bordado lo encuentras en la página 145.

PATRÓN «HILOS Y LÁPICES»

CÓDIGO DE COLORES:

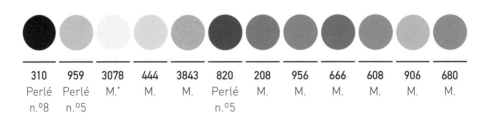

310	959	3078	444	3843	820	208	956	666	608	906	680
Perlé	Perlé	M.*	M.	M.	Perlé	M.	M.	M.	M.	M.	M.
n.º8	n.º5				n.º5						

* hilo Mouliné

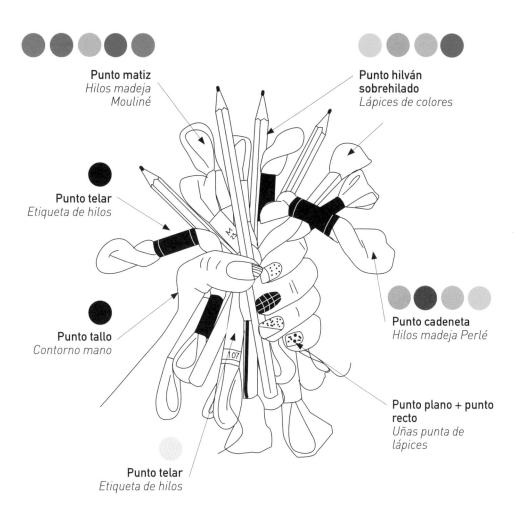

Punto matiz
Hilos madeja
Mouliné

Punto hilván
sobrehilado
Lápices de colores

Punto telar
Etiqueta de hilos

Punto tallo
Contorno mano

Punto cadeneta
Hilos madeja Perlé

Punto plano + punto
recto
Uñas punta de
lápices

Punto telar
Etiqueta de hilos

PUNTOS UTILIZADOS:

- Punto hilván
  sobrehilado
- Punto recto
- Punto tallo

- Punto cadeneta
- Punto plano
- Punto matiz
- Punto telar

Calca este diagrama sobre
una tela «no elástica».
Este bordado lo encuentras
en la página 17.

PUNTO RECTO

Es el punto más básico y elemental, ya que consiste en extraer la aguja en un punto determinado y volverla a bajar en otro para formar una línea de hilo recta entre ambos.

PUNTO HILVÁN SOBREHILADO

Primero realiza una línea de hilván clásico. Luego puedes aportar un color de contraste entrelazando otro hilo. Pasa la aguja por debajo de cada punto de arriba abajo sin perforar el tejido.

PUNTO TALLO

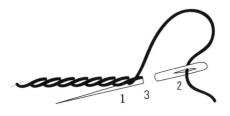

Se ejecuta de izquierda a derecha. Sacar el hilo en 1, pinchar en 2 a la mitad del punto anterior, salir en 3 justo por encima de la hebra y del punto anterior.

PUNTO PLANO

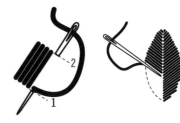

Se utiliza para relleno. Son puntos rectos unos al lado de otros. La clave está en las puntadas bien cerquita. Del lado del reverso queda igual que en el frente. Puedes rellenar en distintas direcciones.

PUNTO MATIZ

PUNTO ESPINA

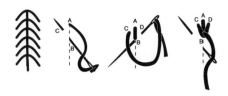

Este punto se realiza como el punto recto. Alternando un punto lanzado corto y un punto lanzado largo.
Los puntos se alternan de manera que converjan hacia el centro del dibujo. Te recomiendo pinchar «entre las hebras» para generar más volumen.

Hazte guías o imagínatelas para seguir el sentido de la puntada.
Saca la aguja en A y clávala en B. Sube a la altura del punto A y sácala en C (por la izquierda), pincha en D y saca en B a través del bucle. Repite.

PUNTO ROSETÓN

PUNTO CADENETA

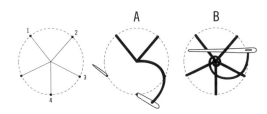

A   B

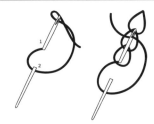

Bordar un número impar de puntos rectos. Salir en el centro (dentro de cualquier triángulo) y pasar por encima del primer hilo, por debajo del segundo, por encima del tercero.
Así sucesivamente hasta llegar a llenar los puntos lanzados.

Saca la aguja en 1 y clávala en el mismo sitio (¡ojo con el nudo!), dejando un bucle de hilo sobre la superficie de la tela. Saca la aguja en 2, por dentro del bucle, y clávala en medio del «eslabón», tirando del hilo para cerrar el primer bucle mientras haces el segundo.
Repite el proceso.
Para rematar, da una puntada diminuta sobre el útlimo bucle.

PUNTO FESTÓN

Se trabaja de izquierda a derecha, formando hileras de pequeñas puntadas enlazadas en su base por el mismo hilo que va creando unas pequeñas anillas que unen un punto con otro, llamadas *costillas*, lo que hace que el borde adquiera una consistencia muy firme y que se formen pasando el hilo por debajo de la aguja.

PUNTO PISTILO

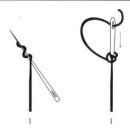

Inicia haciendo el punto nudo francés, pero en vez de clavar la aguja cerca del inicio, decide la distancia de pinchar, en donde quedará el nudo fijo. Saca la aguja por debajo.

PUNTO NUDO FRANCÉS

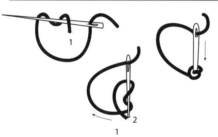

Salir en 1, sujetar la hebra con el índice y el pulgar izquierdo, a unos 3 cm de la tela. Con la mano izquierda hay que envolver la aguja con la hebra. Enrollar la hebra en la aguja y mantenerla tirante. Empezar a girar la punta de la aguja hacia la tela y pinchar en 2 a unos pocos hilos de 1.
Deslizar el nudo sobre la aguja y tensar la hebra para que quede apretado sobre la misma. Saca suavemente la aguja hacia abajo.

PUNTO TELAR

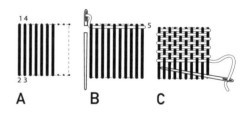

A   B   C

AGUJA CON PUNTA
Empieza trabajando las verticales. Saca la aguja en 1, métela en 2, sácala en 3 y métela en 4. Repite los pasos por toda el área.
AGUJA CON PUNTA REDONDA
(o con la parte posterior de la aguja que no pincha).
Puedes cambiar de hilo y color.
Zurce con la aguja por encima y por debajo de los hilos verticales. Y pasa a la siguiente fila alternando por debajo y por encima y viceversa.

¡Gracias!

A Lola, mi editora, por confiar en todas mis puntadas y en esta historia.

A Agus (mi porota), por visualizar este libro antes que yo, por tus «erizaciones» frente a una nueva idea y estar durante todo este largo proceso bien cerquita.

A mi hermana Debo, por fusionarse conmigo siempre y ser una, por tu cuidado, amor incondicional, y por ser tan precisa recordándolo todo y más.

A Ariel por estar a mi lado, por ser la otra parte en este proceso, crecer juntos y no soltarnos la mano.

A mamá y a papá por ser equipo y darme siempre la libertad de elegir, aunque sea a miles de kilómetros de distancia de nuestro nido.

A mis amigas y amigos del lado de aquí y del lado de allá, por ser sostén y escucha.

A todas mis alumnas que pasaron por algún taller presencial o virtual.

A aquellas personas que estén buscando algo y no saben aún qué para sentirse mejor.

A mis colegas bordadoras y bordadores de todo el mundo por ser faro y refugio.

A ti por bordar conmigo.

Nota al futuro lector:
Si este libro perdura en el tiempo y encuentras uno de sus bordados en algún mercadillo, te agradezco desde el pasado que lo sigas conservando.

Srta. Lylo es el nombre artístico de Loly Ghirardi, bordadora y diseñadora gráfica argentina afincada desde hace dos décadas en Barcelona. Estudió en la Universidad de Buenos Aires (UBA) y trabajó en numerosos proyectos de diseño, hasta que el bordado la atrapó para siempre. Con bastidores, hilos y agujas crea piezas únicas y experimenta en distintos soportes. Tiene más de cien mil seguidores en las redes e imparte talleres de bordado por todo el país, así como en plataformas digitales como Domestika (domestika.sjv.io/Y9ybyJ), donde cuenta con más de cincuenta mil alumnos. Es coprotagonista, junto con La Volátil, de *El viaje* (Lumen, 2020), de Agustina Guerrero. *Diario de una bordadora* (Lumen, 2023) relata cómo llegó al bordado y cómo este consiguió salvarla.

ESTE LIBRO SE EMPEZÓ EN EL AÑO

2023 Y TERMINÓ

DE IMPRIMIRSE EN CASARRUBUELOS (MADRID)

EN ENERO DE 2024